KATRIN und FRANK HECKER

Gartenteiche

Schritt für Schritt zum eigenen Wassergarten
› So legen Sie Folien- und Fertigteich richtig an
› Wie Sie Ihren Gartenteich erfolgreich pflegen

KATRIN und FRANK HECKER

Gartenteiche

Über 220 Farbfotos von Frank Hecker, Wolfgang Redeleit, Friedrich Strauß
und anderen bekannten Gartenfotografen
Illustrationen von Heidi Janiček

Inhalt

1 Planung 6

Wünsche und Möglichkeiten 8
Der richtige Teich für Ihren Garten 10
Teichbauarten im Vergleich 12

Wassergärten entwerfen 16
Der geeignete Standort und das Umfeld 18
Stil und Lebensräume des Teichs 20
Recht und Sicherheit 24
› **Frage & Antwort:** Expertentipps rund um die Planung 26

2 Gartenpraxis 28

Ein Wassergarten entsteht 30
› Starke Helfer für den Teichbau 32
Was Sie vor dem Bau beachten sollten 34
So baut man einen Fertigteich 36
Der Bau eines Folienteichs 40
Der richtig angelegte Teichrand 46
Das geeignete Substrat für den Teich 50
Der Bachlauf: Wasser in Bewegung 52
Wege rund um den Gartenteich 56
Stege, Brücken und Holzdecks 58
Dekoration am Teich 60
Teiche am Hang und auf der Terrasse 62
Teiche im Kleinstformat 64
› **Frage & Antwort:** Expertentipps rund ums Bauen und Anlegen 66

Technik für den Teich 68
Technische Geräte für jeden Zweck 70
Goldene Regeln für die Wasserqualität 74
› **Frage & Antwort:** Expertentipps zur Teichtechnik 77

3 Porträts 104

Bepflanzen und pflegen 78

› Basics rund ums Pflanzen **80**
Auswahl und Qualität von Teichpflanzen **82**
Pflanzen richtig einsetzen **84**
Pflanzenvielfalt durch Vermehrung **88**
So gedeihen Ihre Teichpflanzen **90**
So fühlen sich Ihre Fische wohl **92**
Teichpflege rund ums Jahr **96**
› **Frage & Antwort:** Expertentipps zum Pflanzen und Pflegen **98**
› Was tun, wenn ... **100**

Welche Pflanzengruppen gibt es? 106

Pflanzen für den Uferrand **108**
Pflanzen für die Sumpfzone **111**
Pflanzen für die Flachwasserzone **114**
Schwimmblattpflanzen **116**
Seerosen **118**
Unterwasserpflanzen **119**

Anhang

Arbeitskalender: Der Gartenteich rund ums Jahr **120**
Arten- und Sachregister **122**
Adressen, Literatur **126**
Impressum **128**

1

Planung

Wünsche und Möglichkeiten .... S. 8

Wassergärten entwerfen .... S. 16

1 Planung

Wünsche und Möglichkeiten

Ob als ruhiger Gartenteich oder lebendiger Bachlauf – Wasser bringt nicht nur ein faszinierendes Element in den Garten, das beruhigend und entspannend wirkt, sondern es schafft auch neue Lebensräume, in denen Wasser- und Sumpfpflanzen sowie Frösche, Libellen und Co. ein Zuhause finden.

Wasser ist das wandlungsfähigste aller Elemente: Es ruht still in Teichen, mäandert als kleiner Bach den Hang hinab, rieselt durch Gesteinsritzen und über Felsen und erstarrt im Winter zu Eis.
Diese Vielfalt des Wassers kann man sich auch im Garten zunutze machen. Sie können einen Gartenteich anlegen, in den ein Bach mündet. Oder Sie erweitern Ihren Teich mit einem Sumpfbeet, in dem faszinierende Pflanzen wie Schwertlilien oder Fieberklee blühen. Ein einfaches Wasserbecken kann mit einem Wasserspiel zum Blickfang werden oder, mit Seerosen bepflanzt, zum Ruhepol. Selbst wenn Sie nicht viel Platz im Garten haben, müssen Sie auf einen Wassergarten nicht verzichten: Ein Miniteich auf Terrasse oder Balkon oder neben Ihrem Lieblingssitzplatz im Garten findet leicht in einem Holzfass, einer Zinkwanne oder einem Steintrog Platz.

Erlaubt ist, was gefällt

Mit Wasser holen Sie ein ganz neues gestalterisches Element in Ihren Garten, das Sie ganz nach Ihren Wünschen an den Stil von Haus und Garten anpassen können. Das Spektrum reicht vom asiatisch angehauchten Gartenteich, umrahmt von Bambus, Farn und Funkien und bepflanzt mit exotischen Seerosen bis zum naturnahen Teich, an dem in erster Linie einheimische Pflanzen wie Iris oder Igelkolben wachsen und in dem Frösche, Wasserläufer und Libellen leben.
Wenn Sie sich einen Teich mit Fischen wünschen, können Sie Arten wie Bitterlinge, Moderlieschen, Rotauge oder Goldorfe ebenso einsetzen wie farbenprächtige Goldfische. Vielleicht träumen Sie aber sogar von einem Teich mit exotischen Fischen.
Wie auch immer Ihr Traum vom Gartenteich aussieht, wichtig ist, dass Sie sich über Ihre Wünsche klar werden. Erst dann können Sie entscheiden, welche Teichart die richtige für Ihre Zwecke ist (→ Seiten 12–15) und mit der Planung Ihres Wassergartens beginnen.

Ob großer Wassergarten oder Miniteich auf der Terrasse: Wasser bringt eine ganz besondere Atmosphäre in den Garten.

> Wünsche und Möglichkeiten

1 | Planung

Der richtige Teich für Ihren Garten

Gartenteiche können so verschieden sein wie Gärten: Ob Sie einen Zierteich anlegen oder lieber einen Naturteich und ob Sie Fische einsetzen möchten oder nicht, hängt von Ihren persönlichen Wünschen ab.

Gehen Sie bei der Auswahl und Planung Ihres Wassergartens sorgfältig vor und lassen Sie sich Zeit dafür. So ersparen Sie sich spätere Änderungen und die damit verbundenen Kosten. Außerdem lassen sich eventuelle Umbauarbeiten nur schwer realisieren, wenn der Gartenteich erst einmal fertig ist.

Der Gartenteich als Zierteich

Der Begriff »Zierteich« umfasst die verschiedensten Varianten: Sie reichen von einem schlichten Becken, das nur von wenigen Pflanzen umsäumt ist über einen Teich mit Fontäne bis

zum natürlichen Zierteich, der verschiedene Wassertiefen besitzt, so dass die unterschiedlichsten Pflanzenarten im Wasser und am Ufer gedeihen können. Ein Zierteich – ob als Folien- oder als Fertigteich angelegt (→ Seiten 12–15) – kann sowohl mit einheimischen als auch mit exotischen Pflanzen bestückt sein. Auch Tiere fühlen sich in ihm wohl.

Bei der Anlage eines Zierteichs sind Ihrer Fantasie kaum Grenzen gesetzt. Wünschen Sie sich jedoch Fische und/oder Seerosen, sollten Sie Folgendes beachten: Beide mögen weder Wasserfontänen noch ständig plätscherndes Wasser. Fische gedeihen nur in einem Teich

und überleben sicher den Winter, wenn dieser mindestens 6 m² groß bzw. 80 cm tief ist. Besitzt ein Zierteich außerdem unterschiedliche Wassertiefen (→ Seite 22/23) und ist er ausreichend bepflanzt, kommt er eventuell ohne Geräte aus, die die Wasserqualität verbessern. Je kleiner und flacher er dagegen ist, umso eher müssen Sie – vor allem an warmen Sommertagen – den Sauerstoffgehalt des Wassers mit technischen Geräten erhöhen (→ Seite 72/73).

Der naturnahe Teich

Die Übergänge vom Zier- zum Naturteich können fließend sein. Ein naturnaher Gartenteich sollte unterschiedlich tiefe Wasser- und Uferzonen besitzen und sich durch eine hohe Artenvielfalt mit einer standorttypischen Bepflanzung auszeichnen. Heimische Sumpf-, Flachwasser- und Schwimmpflanzen ziehen Libellen, Wasserläufer und andere Insekten an. Frösche, Molche oder andere Amphibien stellen sich mit der Zeit von selbst ein, und Sie können

---

Tipp

DER TRAUM VOM SCHWIMMTEICH

Sie können Ihren Teich auch zum Schwimmen nützen: Legen Sie den Teich mit einer Wasseroberfläche von 50–200 m² und 1,3–2,5 m Tiefe an einigen Stellen an. Planen Sie eine Hälfte des Teichs als Schwimmbereich, die andere als ungestörten Regenerationsbereich, in dem Wasserpflanzen die Selbstreinigungskräfte im Teich fördern.

> Wünsche und Möglichkeiten

auch Fische einsetzen.
Im Idealfall stehen Bepflanzung und Tierbesatz in einem ausgewogenen Verhältnis zur Teichgröße und es stellt sich ein biologisches Gleichgewicht ein (→ Seite 21): Die Pflanzen produzieren ausreichend Sauerstoff für die Tiere und verwerten die Abfallstoffe der Tiere als Nährstoffe. So bleibt das Wasser auch ohne Filter und Pumpen sauber. Die Selbstreinigungskräfte des Wassers können aber nur wirken, wenn der Teich mindestens ca. 10 m² groß und 80–100 cm tief ist.
Auch in einem naturnahen Teich kann ein Bachlauf eine sinnvolle Ergänzung sein: Er dient nicht nur der Dekoration, sondern verbessert auch die Wasserqualität, weil er den Teich zusätzlich mit Sauerstoff anreichert (→ Seiten 52–55).

Fische: ja oder nein?

Wenn Sie in Ihrem Gartenteich Fische halten möchten, sollten Sie sich schon bei der Planung darüber klar werden, welche Arten es sein sollen. Goldfische oder auch kleinere einheimische Arten kommen z. B. mit wenig Platz aus (→ Seite 26), andere Arten dagegen brauchen größere Teiche.
Möchten Sie viele und auch größere Fische einsetzen, können Sie auf technische Hilfsmittel zur Wasseraufbereitung kaum verzichten. Wollen Sie sogar exotische Fische halten oder ist der Teich nicht tief genug, sollten Sie außerdem jetzt schon bedenken, dass Sie die Tiere im Haus im Aquarium überwintern müssen.
Wollen Sie dagegen weitgehend auf Technik verzichten, sollten Sie nur wenige heimische Fische in einem naturnahen Teich halten. Er zeichnet sich durch reichen Besatz mit Wasserpflanzen und verschieden tiefen Wasserzonen aus. Wasserpflanzen entziehen dem Wasser überschüssige Nährstoffe und dienen den Fischen als wichtige Ruhe- und Laichplätze. Achten Sie darauf, dass der Fischbesatz der Teichgröße angemessen ist. Bei zu vielen Tieren sinkt der Sauerstoffgehalt im Wasser zu stark ab und Sie müssen technische Hilfsmittel (→ Seiten 70–73) zur Erhöhung des Sauerstoffgehalts einsetzen.

Zier- oder Naturteich? Beide haben ihre Berechtigung. Entscheidend ist, was zum Garten passt und Ihren Wünschen entspricht.

1 | Planung

Teichbauarten im Vergleich

Ob Folien-, Fertig- oder Lehmteich: Alle Teichbauarten haben ihre Vorteile. Für welche Sie sich entscheiden, hängt von den Bedingungen in Ihrem Garten ab und davon, welche Art von Teich Sie sich wünschen.

Am häufigsten werden heute Folien- und Fertigteiche angelegt. Folienteiche gelten immer noch als die ideale Lösung, wenn es darum geht, einen Teich von ganz individueller Gestalt in den Garten zu integrieren. Doch auch Teiche aus vorgefertigten Kunststoffbecken gibt es heute in vielen Formen und Größen. Außerdem bietet der Handel Anbau-Elemente wie Sumpfbeet, Flachwasserzonen oder Bachlauf-Schalen, so dass der Fantasie kaum Grenzen gesetzt sind. Beide Teichbau-Varianten lassen sich in allen Gartenböden problemlos verwirklichen. Teiche, die nur mit Lehm- oder Tonziegeln abgedichtet sind (→ Seite 15), kommen dagegen nur in Gärten mit sehr schwerem, wasserundurchlässigem Boden in Frage.

Mit Folie angelegte Teiche wirken besonders natürlich und können individuell gestaltet werden.

Der Folienteich

Egal ob Zierteich oder naturnaher Gartenteich – Teichfolie ist für beide Teichtypen das Material der Wahl: Sie ist – je nach Material und Stärke – preiswert und flexibel zu verlegen. Verwenden Sie aber ausschließlich spezielle Teichfolien: Nur sie sind lange genug haltbar, hundertprozentig wasserdicht und vertragen Frost. Am Ufer sollten Sie Folien aber immer bis in 15 cm Wassertiefe durch Steine, spezielle Steinfolie oder Böschungsmatten vor UV-Strahlung schützen.

Die meisten Folien halten auch einem gewissen Wurzeldruck Stand; besonders hochwertige Produkte wie EPDM-Folien sind sogar ganz wurzelfest. Welche Farbe eine Folie hat, sagt übrigens nichts über ihre Qualität aus. Eine braune oder grüne Teichfolie ist nicht ökologischer oder besser als eine schwarze! Dunkle Folien haben aber den Vorteil, dass sie die Wasserspiegelung verbessern: Das Wasser erscheint hierdurch tiefer, als es in Wirklichkeit ist.

Beim Folienkauf beachten

Der Handel bietet vor allem drei verschiedene Arten von Teichfolien an: PE-, PVC- und EPDM- oder Kautschuk-Folie.

> Wünsche und Möglichkeiten

Fertigbecken sind sehr robust, ihr Bau ist schnell und einfach zu realisieren.

Diese Folien sind in Stärken ab 0,5 mm bis zu 2 mm erhältlich. Je dicker und stabiler sie sind, umso mehr kosten sie. In der Praxis hat sich eine Folienstärke von 1 bis 1,5 mm bewährt. Solche Folien sind für die meisten Gartenteiche haltbar genug und lassen sich außerdem gut verlegen, während dickere Folien oft sehr steif sind.
Folien sind als Rollenware erhältlich. Viele Hersteller bieten sie in Breiten von 1–8 m und bis 25 m Länge an. Soll Ihr Teich größer werden, können Sie mehrere Folienbahnen miteinander verbinden. Solche großen Folien sollten Sie allerdings nicht selbst zusammenkleben, sondern gegen Aufpreis als Sondermaß beim Händler bestellen: Nur dann erhalten Sie eine Garantie auf die überlappend geschweißten Folienähte, die mindestens zehn Jahre betragen sollte. Achten Sie beim Kauf darauf. Wichtig ist außerdem, dass die Folie keine Narben oder scharfen Knicke aufweist: Sie sind bei allen Folien potentielle Bruchstellen.

- **PE-Folien** sind hochelastisch, wurzelfest und frei von Weichmachern. Sie sind preiswerter als die anderen Folien. Allerdings sind sie etwas weniger haltbar. Achten Sie beim Kauf darauf, dass die Garantie – fachgerechte Verlegung vorausgesetzt – mindestens zehn Jahre beträgt. Nähte können Sie bis zu maximal einen Meter Länge selbst kleben. Auch kleinere Reparaturen können Sie mit selbstklebendem Schweißband selbst durchführen. Längere Nähte sollten allerdings vom Hersteller verschweißt werden. Empfehlenswert sind 1–1,5 mm starke Folien.
- **PVC-Folie** enthält Weichmacher und galt früher als umweltfeindlich, weil sie giftige Chlorverbindungen ins Wasser abgab. Durch verbesserte Herstellungsverfahren ist dies heute nicht mehr der Fall und sie ist mittlerweile die meist verwendete Folie. PVC-Folie ist robuster als PE-Folie und kann, falls sie ein Loch oder einen Riss bekommt, auch leichter mit einem im Handel erhältlichen Spezialkleber repariert werden (→ Seite 45). Achten Sie beim Kauf aber unbedingt auf das Gütesiegel »regeneratfrei«, da nur diese Folien wirklich beständig gegen UV-Licht, frostsicher und frei von giftigen Substanzen sind. Empfehlenswerte Stärken für PVC-Folien sind 1–1,5 mm.
- **EPDM-** oder **Kautschuk-Folie:** Sie ist die hochwertigste, stabilste und umweltfreundlichste der drei genannten Folienarten, dafür aber auch die teuerste. Diese gegen UV-beständige Folie mit einer Garantiezeit von bis zu 30 Jahren wird häufig für größere Gartenteiche ab etwa 30 m^2 verwendet. Kautschuk-Folie lässt sich sehr gut verarbeiten und ist im Gegensatz zu den anderen Produkten selbst bei niedrigen Temperaturen geschmeidig. Sie ist extrem elastisch und wurzelsicher. Die empfehlenswerte Folienstärke beginnt bei 0,8 mm.

Der richtige Untergrund: Sand und Teichvlies

Selbst gute Folien können Schaden nehmen: Schuld sind Wühlmausverbiss, spitze Steine

> **Tipp**
>
> **BEIM KAUF AN DIE ENTSORGUNG DENKEN**
>
> Egal für welchen Teich Sie sich entscheiden: Soll er aufgelöst werden, müssen Folie oder Fertigbecken kostenpflichtig entsorgt werden. Einige Hersteller von Teichfolien bieten mittlerweile die kostenfreie Rücknahme ausgedienter Teichfolien auch noch nach vielen Jahren an und lassen sie zu anderen Kunststoffprodukten recyceln.

1 Planung

oder Gegenstände mit scharfen Kanten wie Schaufeln oder Spitzhacken. Und dünnere Folien können schon allein durch einwachsende Wurzeln von Weiden, Schilf oder Bambus undicht werden.
Schutz dagegen bietet nur ein sorgfältig präparierter Untergrund (→ Seite 42/43): Er muss geglättet, von spitzen Stei-

Teichabdichtungen aus Lehm oder Ton sollten dem Fachmann überlassen werden.

nen befreit und mit einer Schicht Sand sowie einem so genannten Teichvlies unterfüttert werden. Teichvliese bestehen aus robustem Material wie Polyester und Steinwolle. Gängige Teichvliese haben eine Breite von 2 m und sollten mindestens 5 mm stark sein.
Gegen Wühlmaus-Verbiss helfen an steilen Ufern außerdem eingegrabene Metallgitter.

Der Fertigteich

Früher gab es Fertigteiche nur als kleine, steilwandige, glatte Fertigbecken. Mittlerweile werden sie in unterschiedlichsten Formen, mit verschiedensten Oberflächen und mit biologisch sinnvollen Pflanzzonen angeboten. Eines sollten Sie jedoch bei der Entscheidung für einen Fertigteich bedenken: Anders als beim Folienteich müssen Sie beim Ausheben der Teichgrube und Einsetzen des Beckens sehr exakt arbeiten (→ Seite 37). Kleinere Fertigbecken bestehen meist aus PE (Polyethylen), größere aus GFK (glasfaserverstärkter Kunststoff). Die PE-Becken sind preiswerter, aber weniger stabil. GFK-Becken werden bis zu 10 m^2 Fläche hergestellt und sind stabiler. Dafür sind GFK-Teiche aber deutlich teurer als PE-Becken. Gegenüber Teichfolie haben alle Fertigbecken den Vorzug, dass sie sehr robust und praktisch unverwüstlich sind. Die verwendeten Materialien sind nicht nur frost- und UV-beständig, sondern trotzen auch Wühlmausverbiss und Baumwurzeln. Ein weiterer Vorteil ist ihre Mobilität: Bei einem Umzug können Sie ein Fertigbecken einfach ausgraben und mitnehmen.
Fertigbecken eignen sich außerdem gut als so genannte Aufsitzteiche mit höher liegendem Wasserspiegel (→ Seite 62/63). Solche Teiche können frei auf die Terrasse gestellt oder in einen Hang integriert werden.

Fertigteiche vergrößern

Steht mehr Platz zur Verfügung, sollten Sie die Möglichkeiten nutzen, den Fertigteich mit ausgedehnter Flachwasserzone oder einem Sumpfbeet zu vergrößern. Damit erweitert man den Lebensraum für Flachwasser- und Sumpfpflanzen, die das Teichwasser sauber halten. Flaches Wasser ist außerdem eine ideale Kinderstube für Libellenlarven, Froscheier und Wasserkäfer.
Flachwasserzonen oder Sumpfbeete werden heute auch als Zusatzteile angeboten, die Sie mühelos entsprechend der

---

Checkliste

FERTIG- ODER FOLIENTEICH?

Argumente für den Fertigteich:
- ✔ vergleichsweise schnell und einfach einzubauen
- ✔ extrem robust und praktisch unverwüstlich
- ✔ auch als Aufsitzteiche geeignet

Argumente für den Folienteich:
- ✔ individuelle Gestaltung ist möglich
- ✔ kann auch unebenem Gelände angepasst werden

> Wünsche und Möglichkeiten

Ein einfacher, runder Teich wird durch die üppige Bepflanzung und klare Gestaltung zum Blickfang im Garten.

Teichzonen am Fertigbecken befestigen können. Man kann Sumpfbeete aber auch mit Folie an den Fertigteich anbauen (→ Seite 39). Richten Sie, wenn es irgendwie möglich ist, auch bei einem Fertigteich immer eine Flachwasserzone ein, sonst ist eine ausreichende Bepflanzung mit Flachwasser- und Sumpfpflanzen, die das Wasser reinigen, nicht möglich. Dies kann sich negativ auf die Wasserqualität auswirken. In einem solchen Fall sollte das Wasser mit Filtern, Pumpen oder Oxydatoren künstlich aufgebessert werden. Diese Kosten sollten Sie bei der Anschaffung eines Fertigbeckens mit einkalkulieren.

Welche Materialien gibt es noch?

Abdichtungen mit Lehm/Ton oder glasfaserverstärktem Kunststoff (GFK) bieten unter bestimmten Voraussetzungen gute Alternativen. GFK wird hier nicht als Schale eingesetzt, sondern direkt aufgetragen und kommt vor allem im Koi-Teichbau zum Einsatz. Beide Materialien haben aber auch ihren Preis und die Anlage erfordert Spezialkenntnisse. Die Durchführung sollte dem Fachmann überlassen werden.

- **Lehm** und **Ton:** Für einen von Natur aus lehmigen oder tonigen Untergrund sind Lehm- und Tonziegel eine naturnahe und preiswerte Lösung, um einen Teich abzudichten. Sandböden sind ungeeignet, weil die Ton- oder Lehmziegel auf Sand nicht genügend verdichtet werden können.

Die Mindestgröße solcher Teiche liegt bei etwa 40 m^2 und ergibt sich aus dem Böschungsgefälle. Es darf 30 Grad nicht überschreiten, da sonst die dem Ton aufliegende Kiesschicht, in der die Wasserpflanzen wurzeln, ins Rutschen kommt. Das heißt, ein Teich, der an einer Stelle mindestens einen Meter tief sein soll, hat bereits einen Durchmesser von rund sechs Meter. Hinzu kommt noch die Uferzone. Abgesehen von der viel Geschick und Erfahrung erfordernden Durchführung kann es bei Lehm- und Tonteichen Probleme mit Wurzeln von Bäumen und Gräsern wie Schilf oder Rohrkolben geben. Durchwachsen sie die verdichtete Schicht, machen sie das Teichbett undicht. Auch Wühlmausgänge wirken sich in der Uferregion negativ aus: Ein unter Wasser liegender Höhleneingang kann dazu führen, dass der Wasserspiegel absinkt. Reparaturen undichter Stellen sind sehr aufwändig.

- **Gartenteiche aus Beton:** Der früher im Wasserbau üblicherweise eingesetzte Werkstoff Beton hat eine Reihe von Nachteilen. Er ist teuer, aufwändig zu verarbeiten und dennoch nicht wirklich frostfest. Zudem lassen sich Risse nachträglich nur schwer abdichten. Beton wird deshalb heute nur noch in besonderen Fällen wie zur Anlage formaler Bachläufe eingesetzt oder zum Bau unterirdischer Zisternen.

- **Gartenteiche aus GFK:** Die umweltfreundlichen glasfaserverstärkten Kunststoffe werden zum Teil auch zur Herstellung von Fertigbecken benutzt. In flüssiger Form setzt man sie zum Bau individuell gestalteter Teichanlagen ein. Einmal ausgehärtet, sind sie sehr lange haltbar. Die Verarbeitung ist jedoch sehr aufwändig und teuer. Überlassen Sie diese anspruchsvolle Arbeit in jedem Fall unbedingt dem Fachmann.

1 Planung

Wassergärten entwerfen

Jeder Teich ist ein Unikat. Seine Wirkung wird von der Stilrichtung, von seiner Form und Größe, aber auch vom gewählten Standort bestimmt. Gelungen ist ein Wassergarten dann, wenn er sich so selbstverständlich und natürlich wie möglich in den bestehenden Garten einfügt.

Bei der Planung eines Gartenteichs gibt es vieles zu bedenken: Je nachdem, ob er ein Blickfang am Haus oder ein stiller Rückzugsort im Garten sein soll, wird die Wahl des Standorts ganz verschieden ausfallen. Wie groß der Teich werden soll, hängt zum einen von der Größe des Grundstücks ab, zum anderen aber auch davon, ob Sie z. B. Fische im Teich halten möchten. Die Form des Teichs ist einerseits eine Frage des persönlichen Geschmacks, andererseits muss sie aber auch mit dem Grundstück harmonieren. So fügt sich ein geometrischer Teich mit gerade verlaufenden Uferlinien gut in Gärten, die auch sonst klar strukturiert und übersichtlich gestaltet sind. Zu naturnahen Teichen passen dagegen eher geschwungene Uferlinien.

Auch der Stil des Teichs – von der Bepflanzung über die Gestaltung des Ufers bis zur Dekoration am Teichrand – sollte mit Garten und Haus in Einklang stehen. In einen ländlichen Garten passt eher ein natürlich gestalteter Teich, im modernen Garten harmoniert eine schlichte reduzierte Gestaltung ebenso wie ein Teich im asiatischen Stil.

Und nicht zuletzt haben Wasserpflanzen und Tiere ganz bestimmte Bedürfnisse: Seerosen z. B. brauchen reichlich Sonne, wohingegen Tiere wie Amphibien oder Fische sich wenigstens zur Mittagszeit ausreichend schattige Teichzonen wünschen, in die sie sich zurückziehen können.

Ein Teich, der funktioniert
Die gute Planung eines Gartenteichs dient aber nicht nur der Ästhetik, sondern entscheidet auch darüber, ob ein Teich gut funktioniert, d. h. ob sein Wasser sauber bleibt. Bei Zierteichen helfen dabei technische Geräte wie Filter, Pumpen und Oxydatoren (→ Seite 73). Ist der Teich aber groß genug und besitzt er verschieden tiefe Pflanzzonen, stehen Pflanzen, Tiere und Wasser in einem ausgewogenen Verhältnis zueinander. Der Teich kann eine gewisse Selbstreinigungskraft entwickeln und das Wasser bleibt klar und frei von Algen.

Damit Form, Größe und Stil des Teichs sich später harmonisch in den Garten einfügen, ist eine genaue Planung unerlässlich.

> Wassergärten entwerfen

Planung

Der geeignete Standort und das Umfeld

Wo soll Ihr Gartenteich liegen? Soll er ein Ruhepol in einer stillen Gartenecke sein oder möchten Sie ihn nahe der Terrasse genießen? Und welche Bedürfnisse haben Pflanzen und Tiere im und am Teich?

Ein Gartenteich in unmittelbarer Hausnähe oder an der Terrasse schafft eine beruhigende und belebende Atmosphäre zugleich. Er ermöglicht Ihnen, jederzeit die faszinierende Welt in Ihrem Wassergarten zu beobachten. Die Sonne spiegelt sich im Wasser und sorgt für schöne Lichtreflexe, und selbst im Winter ist die gefrorene Wasserfläche mit bereiften Gräsern am Ufer noch ein bezaubernder Anblick.

Die Lage des Gartenteichs direkt am Haus hat noch weitere Vorteile: Die Wasserspeisung aus der Wasserleitung oder über die Regenrinnen ist meist unproblematisch. Auch elektrische Kabel für Wasserspiele oder für die Beleuchtung und für die technische Ausstattung wie Pumpen und Filter müssen nur über einen kurzen Weg verlegt werden – das spart sowohl Arbeit als auch Geld. Eines müssen Sie aber bedenken: Um Unfälle zu vermeiden, sollten Sie beim Teich in Terrassennähe immer eine Beleuchtung und eine Abgrenzung zur offenen Wasserfläche einplanen.

Ruhig und abgelegen

Teiche, die weiter hinten im Garten angelegt werden, bereiten zwar bei der Verlegung von Kabeln und Zuläufen mehr Mühe, sind dafür aber wunderbare Orte der Ruhe und Abgeschiedenheit. Zudem bieten sie auch scheuen und empfindlichen Tieren einen Rückzugsraum. Planen Sie bei der Anlage am besten einen Sitz- und Beobachtungsplatz für ruhige Stunden mit ein. Schlichte Decks und Stege aus Holz wirken hier besonders schön (→ Seite 58/59). Für die Gartengestaltung wirken solche Plätze als belebendes Element in einem abgelegenen Bereich: Geschickt platziert werden sie bei einem Streifzug durch den Garten zum besonderen Blickfang.

Standortauswahl Schritt für Schritt

Um den richtigen Platz für Ihren Gartenteich festzulegen, gehen Sie am besten ganz methodisch vor.

- Markieren Sie mit Hilfe eines Gartenschlauchs den Gartenteich in der gewünschten Form und Größe am vorgesehen Platz im Garten (→ Abb. Seite 19). In unebenem oder hügeligem Gelände empfiehlt es sich, den Gartenteich da zu platzieren, wo sich das Wasser auch natürlicherweise sammeln würde, nämlich an der tiefsten Stelle.
- Lassen Sie den Schlauch ein paar Tage liegen und beobachten Sie den Platz zu verschiedenen Tageszeiten: Sie werden schnell erkennen, wann und wie lange die Sonne auf den Platz scheint und wie der Teich an diesem Standort wirkt.
- Verändern Sie die Lage des Schlauchs so lange, bis Sie mit dem Ergebnis zufrieden sind.
- Bedenken Sie, dass die Fläche in dem abgesteckten leeren

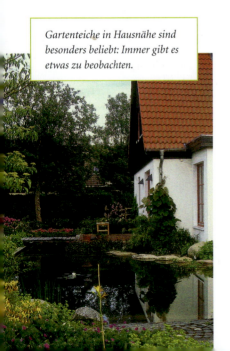

Gartenteiche in Hausnähe sind besonders beliebt: Immer gibt es etwas zu beobachten.

> Wassergärten entwerfen

Wo soll der Teich liegen? Die Probe mit dem Gartenschlauch bietet Entscheidungshilfen. Am Mittag braucht der Teich Schatten.

Rahmen größer scheint als später, wenn der Teich schließlich eingewachsen ist. Davon sollten Sie sich nicht täuschen lassen, sondern unbedingt großzügiger planen.

Sonne oder Schatten?

Für den Teichstandort ist die Sonneneinstrahlung ein besonders wichtiger Aspekt. Die meisten Wasserpflanzen wie Seerosen und Iris gedeihen am besten in voller Sonne. Seerosen beispielsweise blühen nur, wenn sie täglich 5–6 Stunden Sonne tanken dürfen. Der Nachteil ist jedoch, dass sich das Wasser bei zu starker Sonneneinstrahlung schnell erwärmt. Besonders bei kleinen Teichen kann dies zum Problem werden: Das Wasser heizt sich auf und Algen breiten sich aus. Außerdem ist der Sauerstoffgehalt in warmem Wasser grundsätzlich geringer als in kühlem. Deshalb fühlen sich Fische und andere Wassertiere bei hohen Temperaturen nicht mehr wohl.

Der ideale Standort für Ihren Gartenteich ist daher sonnig bis halbschattig und bekommt 5–6 Stunden Sonne pro Tag. Befindet sich am Teich ein Sitzplatz, kann auch ein aufgespannter Sonnenschirm über Mittag für den nötigen Schatten sorgen. Für größere Teiche bietet sich eine Randbepflanzung mit Sträuchern an, die den Teich in den heißesten Stunden beschatten, damit er sich nicht zu stark aufwärmt.

Abstand zu Gehölzen

Sträucher sollten mindestens 2 m vom Teich entfernt stehen, Bäume so weit wie möglich. Denn das im Herbst herabfallende Laub wird am Teichgrund zu Sauerstoff zehrendem Faulschlamm und fördert durch die zusätzlichen Nährstoffe unerwünschtes Algenwachstum. Ein Laubschutznetz – nur ein paar Wochen im Herbst aufgespannt – kann hier Abhilfe schaffen. Wichtig ist, dass es weit genug über dem Wasser installiert wird, damit die Blätter nicht im Wasser liegen. Im Südwesten des Teichs (Hauptwindrichtung) wird es am Boden befestigt, auf der anderen Seite etwas erhöht an Bäumen, Sträuchern oder Stangen.

Sie sollten Ihren Teich auch deshalb möglichst weit von Bäumen entfernt planen, damit Baumwurzeln nicht stören: Sie erschweren nicht nur das Ausheben der Teichgrube, sondern können später möglicherweise in Richtung Teich wachsen. Insbesondere Weiden durchstoßen mit ihrem Wurzelwerk dünnere Folien. Können Sie keinen ausreichend großen Abstand zu einem Baum einhalten, sollten Sie eine wurzelsichere Folie (etwa EPDM-Folie, → Seite 13) verwenden.

Das Umfeld einplanen

Sehen Sie von vornherein Übergänge zwischen Ihrem Teich und dem umgebenden Garten vor. Ein Teich inmitten einer Rasenfläche z. B. wirkt etwas isoliert. Harmonische Übergänge bilden Staudenbeete im Anschluss an die Sumpfzone und daran angrenzend Blütensträucher. Für solch eine attraktive Randgestaltung müssen Sie zum Teichdurchmesser noch etwa 1–2 m addieren. In etwa 5 m Entfernung können Sie kleinere Laubbäume setzen. Ebenso dekorativ sind Steingärten. Sie lassen sich mit dem anfallenden Aushub anlegen. Vergessen Sie auch den Platz für Zugänge nicht, damit Sie den Teich leicht pflegen können (→ Seite 47).

1 Planung

Stil und Lebensräume des Teichs

Ob sich ein Teich harmonisch in die Gesamtgestaltung des Gartens einfügt, hängt sowohl von Form, Größe und Stil als auch von den verschiedenen Lebensräumen und Pflanzzonen im Teich ab.

Ein Gartenteich ist eine Investition in die Zukunft: Er soll mit seiner ganzen Pracht für viele Jahre wirken. Damit Sie auf lange Zeit Freude an Ihrem Wassergarten haben, sollten Sie den Gartenteich unbedingt auch auf das Gesamtbild von Garten und Haus abstimmen. Herrscht durch die Architektur des Hauses eher eine Strenge in Form und Material vor, wirkt hier ein Gartenteich mit einer ebenfalls strengen und eher einfachen Form harmonischer als ein Teich mit einem weich geschwungenen Ufer. Berücksichtigen Sie bei der Planung auch die Proportionen von Gartenteich und Haus. Dies gilt in besonderem Maße, wenn Sie Ihren Teich in unmittelbarer Nähe des Hauses anlegen möchten. Gerade dann muss seine Größe auf die Proportionen des Gebäudes abgestimmt werden.
Ein sich in den Garten harmonisch einfügender Teich sollte nicht mehr als ein Siebtel der zur Verfügung stehenden Fläche einnehmen.

Wie in der Natur: Buchten und Bögen

Naturnahe oder ländliche Gärten verlangen nach natürlichen Formen. Hier legen Sie am besten einen Teich mit geschwungenen Formen, mit Halbinseln und Einbuchtungen an. Er kommt sehr gut zur Geltung und wird von den meisten Menschen als harmonisch empfunden. Die geraden Uferpartien wechseln sich mit flachen Buchten und Vorsprüngen ab. Tun Sie aber auch nicht zu viel des Guten: Zu viele Buchten haben eher eine gegenteilige Wirkung und machen das Gesamtbild unruhig.
Dank der Buchten und unterschiedlich tiefen Uferzonen kann sich hier auch eine üppige und artenreiche Pflanzenwelt entwickeln. Stauden und Gräser am Teichrand, vielfältige Sumpfpflanzen, Flachwasserpflanzen sowie attraktive Wasserpflanzen unterstreichen den natürlichen Charakter des Gewässers.

Form, Größe und Art Ihres Teichs sollten mit Stil und Charakter ihres Gartens harmonieren.

> Wassergärten entwerfen

Teiche im asiatischen Stil sind sehr beliebt. Klare Formen und sparsame Bepflanzung setzen Akzente.

Ein Teich im Asien-Stil

Aus japanischen Gärten sind exotisch anmutende Teichanlagen bekannt, die Elemente natürlicher und formaler Teiche geschickt miteinander verknüpfen. Geschwungene Teichformen werden hier über schmale Bachläufe miteinander verbunden. Typisch sind dazwischen platzierte Brücken und Pavillons. In kleinerem Maßstab lassen sich solche Teiche im asiatischen Stil gut auch bei uns verwirklichen und kommen vor allem in einem eher modern gestalteten Garten gut zur Geltung.
Natursteine und Kies am Ufer muten zwar natürlich an, ihre Anordnung folgt jedoch formaler Strenge. Steine und Dekorationselemente wie Steinskulpturen oder -laternen wirken ganz selbstverständlich, sind jedoch äußerst sorgfältig arrangiert. Die Bepflanzung ist geradezu minimalistisch (→ Seiten 104–119) und unterstreicht dadurch die klaren Formen des Teichs. Wasserpflanzen werden ebenso wie Steine gezielt und vereinzelt als visuelle Elemente gesetzt. Typisch für einen Teich im asiatischen Stil sind auch schlichte Wasserspiele aus Bambusrohr.

Das biologische Gleichgewicht

Wasserpflanzen sind nicht nur ein attraktiver Blickfang im Gartenteich, sondern erfüllen auch eine wichtige Aufgabe. Sie entziehen dem Wasser überschüssige Nährstoffe, produzieren dabei Sauerstoff und geben diesen an das Wasser ab. Das ist wichtig für alle anderen aeroben, also auf Sauerstoff angewiesenen, Organismen im Wasser. Denn selbst wenn keine Düngemittel aus dem angrenzenden Garten eingeschwemmt werden, wird der Teich fortlaufend mit Nährstoffen angereichert, z. B. durch einfliegenden Pollenstaub, Blätter, durch absterbende Pflanzenteile, die zum Teichgrund sinken oder in Form von Fischkot. All diese Abfallstoffe werden von einer großen Zahl von Mikroorganismen zerkleinert. Dadurch werden die Nährstoffe freigesetzt und können von Pflanzen für neues Wachstum genutzt werden. So entziehen die Pflanzen dem Wasser überschüssige Nährstoffe, gleichzeitig produzieren sie Sauerstoff und geben ihn ans Wasser ab. Das ist wichtig für die Tiere im Wasser, denn ohne Sauerstoff können sie nicht leben.
Stehen Pflanzen, Tiere und Mikroorganismen in einem ausgewogenen Verhältnis zueinander, spricht man vom so genannten biologischen Gleichgewicht. In einem Zierteich oder einem Teich mit Fischen ist es fast unmöglich, dass dieses biologische Gleichgewicht dauerhaft erreicht wird. Hier müssen deshalb Filter, Pumpen und Oxydatoren die Arbeit der Pflanzen unterstützen, damit das Wasser sauber bleibt und auch genug Sauerstoff enthält (→ Seiten 70–73).
Ist das biologische Gleichgewicht gestört, zeigt sich dies zunächst in Form von übermäßigem Algenwachstum. Das Wasser wird trüb. Im Extremfall reicht der Sauerstoff nicht mehr für die wichtigen Mikro-

> **Tipp**
>
> **GROSSZÜGIG PLANEN**
>
> Sumpf- und Schwimmblattpflanzen wachsen rasch in die Höhe und in die Breite und verändern dadurch entscheidend die Optik des Teichs: Die Wasserfläche verlandet bereits nach zwei bis drei Jahren. Bemessen Sie deshalb die Grundfläche des Gewässers großzügig, sonst sind Sie später von der geringen Wirkung enttäuscht.

1 Planung

organismen – Pflanzen und Tiere sterben ab.

Tritt im Frühjahr eine Algenblüte auf, sind meist keine Gegenmaßnahmen nötig, die Algen verschwinden wieder. Machen sie sich jedoch wiederholt breit, kann man mit folgenden Maßnahmen Abhilfe schaffen (→ Seite 102): Wird das Wasser durch einen Filter gereinigt und durch Pumpe und Oxydator mit Sauerstoff angereichert, so können die Abfallstoffe zersetzenden

Eine »Igeltreppe« sorgt dafür, dass steile Ufer nicht zur Falle für Igel und Co. werden.

Mikroorganismen wieder arbeiten und das Wasser reinigen. Auch ein Bach kann das Wasser mit Sauerstoff anreichern. Wichtig ist außerdem, die Ursachen des zu hohen Nährstoffeintrags zu beseitigen: Sorgen Sie dafür, dass in Teichnähe keine Dünger verwendet werden und fischen Sie Blätter, die in den Teich fallen, heraus, damit sich weniger Nährstoffe anreichern können.

Teichprofil und Lebensräume

Im Allgemeinen ist ein Teich umso pflegeleichter, je größer er ist – eine entsprechende Tiefe (ca. 80 cm) vorausgesetzt. Denn sowohl die Größe als auch die Tiefe eines Gewässers wirken sich positiv auf die Wasserqualität aus:
- Ein großer Wasserkörper heizt sich im Sommer nicht so schnell auf. Der Sauerstoffgehalt bleibt deshalb stabil und auch der Algenwuchs hält sich im Rahmen.
- Bei einem größeren Teich haben Sie genug Platz, die verschiedenen Teichzonen wie Sumpf-, Flachwasser- und Tiefwasserzone sowie den Uferrand so anzulegen, dass eine üppige und abwechslungsreiche Bepflanzung mit den unterschiedlichsten Arten möglich ist. Denn sämtliche Sumpf- und Wasserpflanzen tragen zur Reinhaltung des Wassers bei.
- Ein größerer Teich macht in der Regel weniger Arbeit und kommt auch mit weniger Technik aus.

Das optimale Teichprofil

Mit einem abwechslungsreichen Teichprofil schaffen Sie die beste Grundlage für einen gut funktionierenden Teich. Hier findet sich sowohl ein ausgedehnter Sumpfbereich für Sumpfpflanzen als auch eine mindestens 80–100 cm tiefe Wasserzone mit sauerstoffhaltigem, kühlen Tiefenwasser. Das Nebeneinander von flachem und tiefem Wasser ist – abgesehen von einer ausreichenden Bepflanzung – der beste Garant für das biologische Gleichgewicht.

- **Uferrand:** Am Uferrand werden Pflanzen angesiedelt, die einen trockenen bis feuchten Untergrund bevorzugen (→ Seiten 108–110). Dazu gehören z. B. Zottiges Weidenröschen, Storchschnabel oder Funkien. Sie haben oft Ableger, die in das Wasser hinein wachsen und entziehen deshalb mit ihren Wurzeln dem Teich Nährstoffe. Achten Sie darauf, dass die Uferrandzone nicht zu steil ist und zur Falle für Tiere wird, die eventuell ins Wasser fallen. Müssen Sie aus Platzgründen das Ufer steil anlegen, sollten Sie unbedingt eine so genannte Igeltreppe (→ Abb.) einrichten. Dazu reicht ein Brett mit ein paar Querleisten. Es wird vom Ufer ins Wasser gelegt und mit Steinen unten abgestützt.

- **Sumpfzone:** Mit einem Wasserstand von 0–20 cm grenzt die Sumpfzone unmittelbar an den trockenen Uferbereich an. Sie sollte etwa 40 % der gesamten Wasserfläche ausmachen und je nach Teichgröße möglichst 40–90 cm breit sein. Die hier wachsenden Sumpfpflanzen ertragen periodische Trockenzeiten mit Wassermangel ebenso wie dauerhaft »nasse Füsse« (→ Seiten 111–113). Zwischen so prächtigen Sumpfpflanzen wie Sumpf-Dotterblume, Mädesüß und Schwertlilie tummelt sich ein reiches Tierleben: Wasserkäfer flitzen umher, Libellenlarven krabbeln

> Wassergärten entwerfen

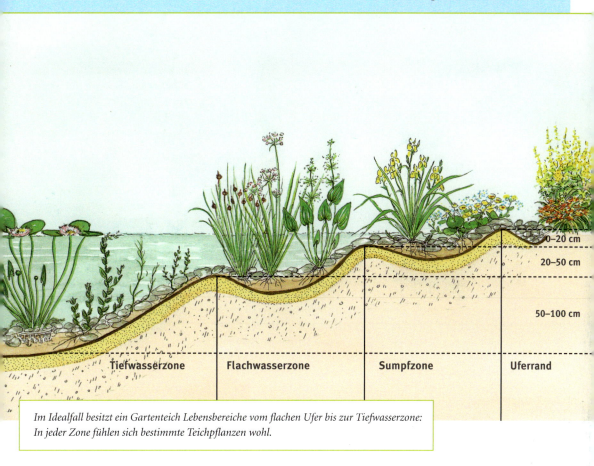

Im Idealfall besitzt ein Gartenteich Lebensbereiche vom flachen Ufer bis zur Tiefwasserzone: In jeder Zone fühlen sich bestimmte Teichpflanzen wohl.

auf die Stängel der Wasserpflanzen, um sich zur Libelle zu häuten und Frösche legen ihre Eiballen zwischen den Pflanzen im flachen Wasser ab.

- **Flachwasserzone:** In der 20–50 cm tiefen Flachwasserzone ist das Wasser schon bedeutend kühler. Hier blühen Wasserspezialisten wie Froschlöffel, Pfeilkraut und Wasserfeder (→ Seite 114–115): Sie alle zeichnen sich da-durch aus, dass sie ganz verschieden gestaltete Über- und Unterwasserblätter besitzen. Das kühle Wasser der Flachwasserzone kann reichlich von dem von den Pflanzen ins Wasser abgegebenen Sauerstoff aufnehmen und sorgt so dafür, dass das biologische Gleichgewicht auch im Sommer stabil bleibt. Deshalb sollte diese Zone etwa ebenfalls 40 % der Wasserfläche ausmachen.

- **Tiefwasserzone:** Die Tiefwasserzone wird auch als »Seerosenzone« bezeichnet, weil in ihr die beliebten Teichköniginnen wurzeln (→ Seite 118). Hier gedeihen außerdem Wasserpest, Quirliges Tausendblatt, Indische Lotusblume, Krebsschere und die Wassernuss. Das Wasser sollte eine Mindesttiefe von 50 cm haben. Diese Zone ist wichtig, weil sie mit ihrem kühlen Tiefenwasser dafür sorgt, dass sich der Teich im Sommer nicht zu stark aufheizt. Sie sollte etwa 20 % der Wasserfläche einnehmen. Leben Fische und Frösche im Teich ist diese Zone besonders wichtig, weil sie zum Überwintern eine Wassertiefe von mindestens 80–100 cm brauchen. Diese tieferen Wasserschichten gefrieren nicht und bieten den Tieren Zuflucht. Je tiefer diese Zone ist, umso besser, denn im Lauf der Jahre sammeln sich Schichten abgestorbener Pflanzenreste und Substrat in der Tiefenzone, sie wird dadurch von allein immer flacher.

1 Planung

Recht und Sicherheit

Konflikte rund um den Gartenteich müssen nicht sein: Erkundigen Sie sich rechtzeitig, ob Sie für den Bau Genehmigungen brauchen und machen Sie den Teich von Anfang an sicher für Kinder und Tiere.

Wenn Sie einen Gartenteich anlegen, sind davon möglicherweise nicht nur Sie selbst betroffen, sondern auch Ihre Nachbarn. Was tun, wenn das Wasser nach heftigen Regenfällen überläuft oder die neuen Teichbewohner im Sommer ein ruhestörendes Konzert anstimmen? Und selbst wenn bei Ihnen keine Kinder im Haus wohnen: Kleinkinder in der Nachbarschaft zieht der neue Teich ganz bestimmt in seinen Bann und könnte für sie zur Gefahr werden. Informieren Sie Anrainer am besten schon im Vorfeld von Ihren

Plänen und berücksichtigen Sie mögliche Einwände, bevor es zu vermeidbaren Streitigkeiten oder gar Unfällen kommt.

Bau- und Wasserrecht

Einen kleinen Gartenteich oder Bachlauf darf jeder ohne Genehmigung anlegen. Erst bei einer Teichgröße ab 100 m² oder einer Tiefe von mehr als zwei Meter ist ein Teich in der Regel genehmigungspflichtig. Erkundigen Sie sich rechtzeitig beim Bauamt Ihrer Gemeinde nach den örtlichen Bestimmungen – sie sind von Bundesland zu Bundesland verschieden. Wollen Sie z. B. eine Sickermulde (→ Seiten 46–49) an die öffentliche Kanalisation anschließen, brauchen Sie vor dem Bau eine schriftliche Genehmigung. Auch wenn Sie einen Wildbach anzapfen oder stauen wollen oder eine Zuleitung aus einem öffentlichen Gewässer in den Garten planen, bedarf es einer Genehmigung.

Sicherheit geht vor!

Wasser zieht alle Kinder magisch an. Nur mal eben hineinschauen, einen Stock als Angel ins Wasser halten, versuchen, den eben vom Seerosenblatt ins Wasser geplatschten Frosch doch noch zu erreichen – dies alles kann verheerende Folgen haben. Nicht nur als Eltern sind Sie verpflichtet, ausreichende Sicherheitsvorkehrungen am Teich zu treffen. Grundsätzlich besteht eine so genannte Verkehrssicherungspflicht für

Ein Teichgitter bietet Sicherheit für Kinder. Befestigen Sie es so, dass es nicht kippen kann.

> Wassergärten entwerfen

Wasser zieht groß und klein magisch an. Doch kleinere Kinder dürfen nur unter Aufsicht auf »Teichexpedition« gehen!

jeden Gartenteichbesitzer. Das bedeutet, er haftet für sämtliche Unfälle und Schäden, die in Zusammenhang mit dem Teich auftreten und die er durch übliche Maßnahmen wie eine Einzäunung des Grundstücks hätte verhindern können. Wer einen Teich im Garten hat, egal ob als Besitzer oder Mieter, muss sein Grundstück grundsätzlich so einzäunen, dass eine deutliche Abgrenzung existiert und Kinder keinen leichten Zugang zum Teich haben. Betreten Kinder trotzdem einen ausreichend gesicherten Garten, ist der Gartenteichbesitzer für Unfälle oder Schäden nicht verantwortlich.

Zäune und Gitter

Bereits bei der Anlage eines Teiches können Vorkehrungen getroffen werden, damit ein Sturz ins Wasser nicht lebensgefährlich wird. Besonders Kinder bis zum Alter von etwa sechs Jahren sind gefährdet, selbst wenn sie bereits schwimmen können.

- **Uferrandgestaltung**: Ein Teich in einem Garten mit Kindern sollte keine steilen Ufer aufweisen. Die Tiefwasserzone in der Mitte des Teichs sollte von flach auslaufenden Uferzonen umgeben sein. Die Gefahr, dass Kinder in tiefes Wasser fallen, ist so gemindert und der Ausstieg erleichtert. Dasselbe gilt auch für Tiere (→ Seite 22).
- **Zäune**: Zusätzlichen Schutz bieten Zäune rings um den Teich. Wichtig ist, dass sie mindestens 80 cm hoch sind und ausschließlich aus senkrecht verlaufenden Streben bestehen. Waagerechte Verstrebungen laden Kinder förmlich zum Hinüberklettern ein! Der Zaun muss mit einer abschließbaren Tür versehen sein.
- **Gitter**: Für Gartenteiche bis 15 m^2 Größe gibt es Schutzvorrichtungen aus verzinktem oder kunststoffummanteltem Baustahlgitter. Es wird ca. 5 cm unter der Wasseroberfläche auf auf dem Teichgrund aufgeschichteten kleinen Pfeilern aus Steinen kippsicher installiert. Achten Sie beim Kauf darauf, dass das Gitter TÜV-geprüft und möglichst engmaschig und starr ist. In grobmaschigen Gittern könnten Kinder hängen bleiben und sich allein nur mit Mühe befreien. Nicht zu empfehlen sind über das Wasser gespannte Netze, da sie wenig Sicherheit bieten und für Tiere zur Falle werden können.
- **Meldesysteme**: Zusätzliche Sicherheit bieten am Teich installierte sensible Melder: Fällt etwas ins Wasser, das schwerer ist als 10 kg, ertönt ein Warnsignal.

Checkliste: DER KINDERSICHERE TEICH

✔ Planen Sie an allen Seiten des Teichs flache Uferzonen.
✔ Bringen Sie 5 cm unterhalb des Wasserspiegels Schutzgitter aus Baustahl an.
✔ Errichten Sie eine mindestens 80 cm hohe Umzäunung aus Längsstreben rings um den Teich.
✔ Legen Sie keine ungesicherten Brücken und Stege an.
✔ Sichern Sie auch Miniteiche ab (→ Seite 26).
✔ Kinder nie unbeaufsichtigt am Teich spielen lassen!

1 Planung

> FRAGE & ANTWORT

Expertentipps rund um die Planung

Wieweit muss ich Rücksicht auf die Nachbarn nehmen? Wieviel Platz brauchen Fische in einem Teich? Gibt es nicht doch eine Möglichkeit, in einem Teich Seerosen und ein Wasserspiel zu haben? Auch wenn der Teich gut geplant ist, ergeben sich immer wieder neue Fragen.

? Ich möchte in meinem Garten einen Teich anlegen. Inwieweit muss ich dabei Rücksicht auf meinen Nachbarn nehmen und wann muss ich sogar um Erlaubnis fragen?

Sie haben das Recht, Ihren Garten nach Ihren eigenen Wünschen und Vorstellungen zu gestalten, allerdings sollten die Nachbarn davon nicht beeinträchtigt werden. Das heißt, ein stinkender oder überlaufender Gartenteich muss von Ihren Nachbarn nicht geduldet werden. Anders sieht es beim »Frösche quaken« aus: Hier wird vor Gericht eher zugunsten der Tiere entschieden.

? Unsere Kinder wünschen sich einen Miniatur-Wassergarten auf der Terrasse. Kann ein Miniteich in einem alten Holzfass zu einer Gefahr für die Kinder werden?

Ja, eine besondere Gefahrenquelle, die zudem noch häufig übersehen wird, stellen kleine, aber tiefe Miniteiche dar, z. B. in Holzfässern oder mit Wasser gefüllten Wannen. Wenn Kleinkinder versuchen, Wasser zu schöpfen, beugen sie sich vielleicht zu stark über den Rand und können dabei kopfüber ins Wasser fallen. Deshalb müssen auch kleine mit Wasser gefüllte Gefäße unbedingt gesichert werden, wenn sie über 50 cm hoch sind. Dazu befestigt man ein festes Drahtgitter unterhalb der Wasseroberfläche z. B. auf aufgeschichteten Betonsteinen.

? Ich möchte in meinem Gartenteich Fische halten. Wie viel Platz muss ich für welche Art einplanen?

Als Faustregel rechnet man pro Fisch bis 10 cm Länge 50–100 l Wasser, für größer werdende Fische bis zu 500 l Wasser. Dies gilt für Teiche, deren Wasser mit Hilfe technischer Geräte gereinigt wird (→ Seiten 70–73). In einem naturnahen Gartenteich ohne Technik ist mindestens die dreifache Wassermenge pro Fisch einzuplanen. Dabei ist der Platzbedarf der einzelnen Arten ganz unterschiedlich: Bitterling, Elritze und Dreistachliger Stichling sind mit Teichgrößen von 5–10 m^2 zufrieden. Moderlieschen, Gründling, Karausche und Goldfisch brauchen mehr als 10–20 m^2 große Teiche. Goldorfe, Goldschleie, Rotauge, Rotfeder und Ukelei benötigen am meisten Platz. Für ihre Haltung sind Teichgrößen ab 20 m^2 Voraussetzung. Besonders groß werdende Fische wie Kois oder Marmorkarpfen brauchen in einem Teich mit entsprechender Technik etwa 1 m^3 Wasser pro Fisch.

? Wie kann ich meinen Gartenteich gestalten, um Tiere anzulocken?

Für viele Tiere sind flache Uferpartien wichtig. Je abwechslungsreicher sie sind, umso besser. So ist beispielsweise eine Sumpfzone, die mit Sumpf-Dotterblume oder Pfennigkraut bepflanzt ist, die Kinderstube für Frösche und Libellen sowie bevorzugter Aufenthaltsort für viele andere Wasserbewohner wie Gelbrandkäfer und Stabwanze. Vegetationslose, flache Uferzonen locken Vögel zum täglichen Bad und Igel zum Trinken. Wenn Sie aus Platzgründen steile Ufer anlegen, sollten Sie unbedingt einen Ausstieg für hineingefallene Tiere installieren. Ein in den Teich gelegtes Brett – eine so genannte Igeltreppe – tut hier gute Dienste (→ Abb. Seite 22).

? **Ich habe einen Teich mit Seerosen, möchte aber nicht auf ein Wasserspiel verzichten. Geht das und was muss ich dabei beachten?**

Ja, kleinere Wasserspiele wie Wasserglocken, Speier oder Sprudelsteine vertragen sich durchaus mit einem Teich mit Seerosen. Sie sind nicht nur dekorative, sondern auch praktische Ergänzungen, da das Wasser durch die Bewegung mit Sauerstoff angereichert wird. Verzichten sollten Sie auf Springbrunnen, da Seerosen – und auch Tiere – es nicht mögen, besprizt zu werden.

? **Kann ich Kois in meinem Gartenteich halten?**

Die ursprünglich in Asien gezüchteten Koikarpfen erfreuen sich auch bei uns zunehmender Beliebtheit, ihre Haltung ist jedoch nicht einfach und erfordert einiges an Fachkenntnissen. Kois brauchen vor allem sehr viel Platz: Pro Koi rechnet man in Teichen mit der entsprechenden Technik zur Wasserreinigung mit

1 m³ Wasser. Zudem benötigen Kois, um gesund zu bleiben, sehr sauerstoffreiches Wasser.
Ein Koi-Teich sollte mindestens 1,5–2,5 m tief sein, damit die Fische genügend sauerstoffreiches Wasser zur Verfügung haben. Für die Anlage eines so tiefen Teichs brauchen Sie als erstes eine Genehmigung der zuständigen Behörde.
Um die notwendige Tiefe zu erreichen, werden die Ufer steil angelegt und mit Beton befestigt. Im Koiteich mit Technik wird das Wasser über einen an der tiefsten Stelle befindlichen Bodenablauf entnommen und in einen leistungsstarken Filter gepumpt. Im Winter darf die Wassertemperatur 6 ºC nicht unterschreiten, daher muss der Koi-Teich beheizt werden. Am besten informieren Sie sich, bevor Sie einen Koi-Teich anlegen, vorher gut in der entsprechenden Fachliteratur (→ Seite 126).

? **Wir möchten unseren alten Swimming-Pool zum Schwimmteich umfunktionieren. Ist das möglich und wie gehen wir am besten dabei vor?**

Die gängige Bauweise von Schwimmteichen ist aus Swimming-Pools entwickelt worden. Prüfen Sie zunächst, ob das Becken noch dicht ist. Die einfachste Methode der Umgestaltung besteht dann darin, das Becken mit sandgefüllten Säcken in eine Schwimm- und eine Pflanzzone zu unterteilen. So können Sie alle Tiefenzonen gestalten. Diese werden mit Kies aufgefüllt und anschließend bepflanzt.

SO KOMMT IHR GARTEN-TEICH OHNE TECHNIK AUS

Wenn Sie bei der Anlage und Planung Ihres Gartenteichs einige Grundregeln beachten, wird er gut funktionieren und sich harmonisch in Ihren Garten einfügen.

- **Teichgröße:** Der Gartenteich sollte mindestens 10 m² groß sein.
- **Teichprofil:** Die Sumpfzone und die Flachwasserzone sollten je 40 % der Teichfläche ausmachen, die Tiefwasserzone 20 %.
- **Richtige Tiefe:** An einer Stelle muss der Teich mindestens 80–100 cm tief sein, damit er auch im Sommer noch ausreichend kühles, sauerstoffreiches Wasser enthält.
- **Idealer Standort:** 5–6 Stunden Sonne pro Tag; zur Mittagszeit sollte der Teich jedoch beschattet sein.
- **Pflanzenvielfalt:** Planen Sie eine artenreiche Bepflanzung mit Sumpf-, Flachwasser- und Unterwasserpflanzen ein.
- **Wasserfläche frei halten:** Ein Drittel der Wasserfläche sollte frei von Pflanzen bleiben; schnellwüchsige Pflanzen müssen Sie regelmäßig zurückschneiden.
- **Sparsamer Fischbesatz:** Berücksichtigen Sie bei der Haltung von Fischen den Platzbedarf der einzelnen Arten (→ Seite 26).
- **Wasserqualität:** Verwenden Sie, wenn möglich, Regenwasser, am besten vorgefiltert im Sumpfbeet.
- **Regelmäßige Teichpflege:** Entfernen Sie regelmäßig Fallaub, andere Pflanzenreste und Algen aus dem Teich.

2

Garten-
praxis

Ein Wassergarten entsteht . . . . S. 30

Technik für den Teich . . . . S. 68

Bepflanzen und pflegen . . . . S. 78

2 Gartenpraxis

Ein Wassergarten entsteht

Egal, ob Sie sich für einen Folien- oder Fertigteich entscheiden, einen Bachlauf oder ein Sumpfbeet anlegen wollen – gehen Sie bei Vorbereitung und Ausführung sorgfältig vor. Werden Aushubarbeiten oder Bach- und Wegekonstruktionen zu schwierig, sollten Sie einen Fachmann hinzuziehen.

Der Bau eines Gartenteichs gehört wohl zu den größten Arbeiten im Garten: Das Erdreich muss ausgehoben, der Aushub beiseite geschafft und der Untergrund sorgfältig vorbereitet werden, damit der Teich später funktioniert und kein Wasser verliert.
Überlegen Sie deshalb vor Beginn der Bauarbeiten sorgfältig, wieviel Arbeit Sie sich zumuten können und wollen. Zwar ist der Bau eines Teichs – ob Fertig- oder Folienteich – nicht allzu schwierig und auch von Laien mithilfe einer Anleitung gut zu bewältigen, doch das Ausmaß der Arbeit hängt von mehreren Faktoren ab: Ist der Boden in Ihrem Garten schwer, wird das Graben leicht zur Plage und Sie sollten sich ein oder zwei Helfer organisieren. Das gleiche gilt, wenn Sie einen sehr großen Teich anlegen wollen. Ist dies der Fall, sollten Sie den Aushub einem Fachmann mit den entsprechenden Maschinen überlassen. Das Ausmodellieren des Teichbetts und die Gestaltung übernehmen Sie dann wieder selbst.

Rund um den Teich

Auch wenn die Grube fertig ist, gibt es noch genug zu tun. Sie müssen das Ufer mit Steinen und Findlingen gestalten und bepflanzen. Zusätzlich können sie noch einen Bach anlegen, der die Atmosphäre im Garten nicht nur mit seinem munteren Plätschern bereichert, sondern das Wasser im Teich mit Sauerstoff versorgt.
Damit der Teich nicht isoliert wirkt, wird er mit Sumpfbeeten, Rabatten und Wegen in die übrigen Gartenbereiche integriert. Wege, die z. B. von der Terrasse zum Wasser führen, binden den Teich in seine Umgebung ein. Stege und Brücken ermöglichen neue Perspektiven, das Leben im Teich zu beobachten und Holzdecks bieten Raum für Sitzplätze, von denen aus man den Teich in aller Ruhe genießen kann.
Mit Wasserspielen und Skulpturen können Sie den Teich ganz nach Ihrem Geschmack dekorieren, und verschiedene Lampen und Unterwasserleuchten sorgen für ein stimmungsvolles Ambiente bei Nacht.

Richtig angelegt wird aus einer Rasenfläche bald ein Gartenteich-Paradies, das sich harmonisch ins Umfeld einfügt.

› Ein Wassergarten entsteht

2 Gartenpraxis

DIE TEICHFORM FESTLEGEN

Die gewünschte Form des Gartenteiches lässt sich mithilfe eines Wasserschlauchs auf dem vorgesehenen Platz im Garten festlegen. Ändern Sie die Form und Lage des Teichs solange, bis sie Ihnen zusagt und optimal an das Gelände angepasst ist. Markieren Sie die Form anschließend mit Holzpflöcken oder mit Sand.

Starke Helfer für den Teichbau

DEN TEICHRAND WAAGERECHT AUSRICHTEN

Wasserwaage und Richtscheit braucht man sowohl beim Folien- als auch beim Fertigteich zur Nivellierung des Teichrands. Mit diesen Hilfsmitteln prüfen Sie beim Fertigteich, ob der Teichboden eben ist und ob das Becken waagerecht steht. Das Richtscheit ist eine einfache Latte und dient als Verlängerung der Wasserwaage.

HILFSMITTEL FÜR ALLE BODEN-ARBEITEN

1 Pickel: Sein Einsatz kann auf stark verdichteten oder steinigen Böden notwendig sein.

2 Spaten: Er dient dazu, den Grassoden abzuheben und die Teichgrube auszuheben.

3 Schaufel: Sie ist unentbehrlich, wenn Sie den Aushub auf die Schubkarre laden.

4 Rechen: Mit dem Rechen können Sie größere Steine entfernen und den Boden einebnen, um einen Abdruck des Fertigbeckens zu erhalten.

Ob Schubkarre, Hacke oder Spaten – Geräte für den Teichbau müssen stabil sein und gut in der Hand liegen. So wird das Ausheben des Teichbetts erleichtert.

DEN UNTERGRUND VERDICHTEN

Mit einem Stampfer wird der Boden der Teichgrube bei Folien- und Fertigteichen verdichtet. Dies ist nicht nur am Grund, sondern auch im Randbereich von Folienteichen wichtig. Sackt der Boden später ab, kann Wasser auslaufen. Mechanische Handstampfer bekommt man im Baumarkt, Motor betriebene kann man auch ausleihen.

QUALITÄT LOHNT SICH

Eine gute Schubkarre macht sich bezahlt. Denn beim Teichbau muss eine Menge Aushub bewegt werden. Achten Sie darauf, dass die Wanne so stabil ist, dass sie auch durch Steine nicht verbeult werden kann.

2 Gartenpraxis

Was Sie vor dem Bau beachten sollten

Je sorgfältiger Sie vor Baubeginn überlegen, wieviel Material, welche Maschinen und Installationen nötig sind und wo der Aushub hin soll, umso leichter und müheloser wird der Teichbau gelingen.

Warten Sie für den Baubeginn eine Schönwetterperiode ab. Nasse Erde ist nur schwer zu verarbeiten und rutscht an steileren Stellen schnell ab. Und Teichfolien lassen sich am besten bei Sonne und Temperaturen um 20 °C verlegen, weil sie sonst steif und unflexibel sind.

Schaufel oder Bagger?

Damit der Teichbau nicht zum Kraftakt wird, sollten Sie vorher prüfen, ob Sie für die Erdarbeiten einen Minibagger benötigen. Für Fertigteiche ist ihr Einsatz meist nicht sinnvoll, weil Sie die vorgefertigten Pflanzzonen sowieso mit Spaten oder Schaufel ausheben müssen. Bei Folienteichen dagegen spricht je nach Situation einiges für den Einsatz eines solchen Geräts: Vorausgesetzt, der vorgesehene Standort des Teichs ist für den Minibagger zugänglich, lohnen sich die Kosten für das Gerät vor allem dann, wenn der Boden sehr schwer ist. Einen Minibagger können Sie sich von speziellen Verleihfirmen für Baumaschinen ausborgen. Lassen Sie sich am besten bei der Lieferung des Geräts erklären, wie man es handhabt.

Ist das Erdreich dagegen sandig und leicht und stehen ein bis zwei Helfer zur Verfügung, kann man das Ausheben des Teichbetts auch gut per Handarbeit bewältigen.

Eine dritte Variante ist, die Teichmulde von einer Fachfirma ausbaggern zu lassen und anschließend die endgültige Ausformung mit Schaufel und Spaten selbst vorzunehmen.

Wohin mit dem Aushub?

Beim Ausheben des Teichbetts fällt reichlich Erde an. Sie ist meist jedoch nicht als Substrat für den Teichgrund geeignet, weil sie zu viele Nährstoffe enthält (→ Seite 50/51). Einen Teil des Aushubs können Sie nutzen, um den Teichrand zu gestalten. Ist ein Bachlauf geplant, lässt sich damit auch der benötigte Hügel aufschütten (→ Seite 52/53). Oder Sie nutzen den Aushub zum Hinterfüllen einer Trockenmauer. Die Erde, die dann noch übrig bleibt,

Die für den Teich ausgehobene Erde gibt einem Bachlauf das nötige Gefälle.

> Ein Wassergarten entsteht

Der Aushub lässt sich z. B. für den Bau einer Trockenmauer nutzen: Sie setzt farbenfrohe Akzente im Garten.

können Sie vielleicht an andere Hobbygärtner abgeben. Für größere Mengen Aushub gibt es leider nur eine Lösung, die mit zusätzlichen Kosten verbunden ist: Sie müssen die Erde von einem Abfallunternehmen abtransportieren lassen. Auch wenn der Aushub nur kurz auf dem Rasen lagert, sollten Sie die Erde auf einer Plastikplane anhäufen, damit das Gras keinen Schaden nimmt.

Anschluss an das Stromnetz

Es ist immer sinnvoll, gleich beim Teichbau eine wasserfeste Zuleitung für elektrischen Strom zu verlegen, auch wenn Sie anfangs noch nicht beabsichtigen, den Teich mit Geräten auszustatten. Wollen Sie jedoch später Fische einsetzen, kann der Einsatz einer Pumpe notwendig werden. Dafür müssen Sie vom Haus zum Teich einen 60 cm tiefen Graben ausheben. In ihm wird vom Elektriker ein spezielles Erdkabel verlegt. Darüber kommt ein so genanntes Trassenband: Es warnt auch noch Jahre später bei eventuellen Grabearbeiten vor dem Elektrokabel. Anschließend wird der Graben wieder zugeschüttet.

Sand, Vlies und Folie

- **Sand** brauchen Sie, um das Teichbett auszukleiden und zum Mischen des Pflanzsubstrats. Bewährt hat sich eine ca. 10–15 cm dicke Schicht. Die benötigte Menge errechnen Sie, indem Sie die Teichmulde an der längsten und breitesten Stelle ausmessen und mit der Dicke der Sandschicht multiplizieren: Für eine 10 x 6 m große Teichgrube und eine 0,1 m dicke Sandschicht brauchen Sie etwa 6 m^3 Sand. Lassen Sie den Sand vom nächstgelegenen Kieswerk oder Baustoffhandel liefern – aber erst nach Fertigstellung der Teichmulde, damit er bei der Arbeit nicht im Weg liegt. Besprechen Sie mit dem Fuhrunternehmer, wie groß der LKW für die Lieferung sein darf, damit er durch die Zufahrt passt und den Sand möglichst nah an den Teich bringen kann.
- Auch das **Kunststoffvlies** als Schutz für die Teichfolie sowie die **Folie** selbst kaufen oder bestellen Sie, wenn Sie mit dem Ausheben der Teichgrube fertig sind. Erst dann können Sie die exakten Maße ausmessen. Vlies und Folie erhalten Sie im Fachhandel. Auch Folienformate, die breiter sind als die handelsüblichen, bekommen Sie vom Hersteller fertig geschweißt in wenigen Tagen geliefert.

Checkliste

DIE BODENBESCHAFFENHEIT PRÜFEN

Vor Baubeginn sollten Sie die Bodenbeschaffenheit prüfen, um den Wasserüberlauf entsprechend anzulegen (→ Seite 48).

✔ Lehmige und tonige Böden lassen sich gut kneten. Wenn sie trocknen, werden sie hart und kompakt.

✔ Humusböden lassen sich in feuchtem Zustand formen. Wenn sie trocknen, zerfallen sie.

✔ Sandige Böden lassen sich kaum formen. In trockenem Zustand rieseln sie durch die Finger.

2 Gartenpraxis

› PRAXIS

So baut man einen Fertigteich

Mit einem Fertigteich lässt sich der Traum vom Wassergarten besonders leicht verwirklichen. Der Fantasie sind keine Grenzen gesetzt, denn es gibt Fertigteiche heute in vielen Formen und Größen.

DAS BRAUCHEN SIE FÜR EINEN FERTIGTEICH

J	F	M	A	M	J	J	A	S	O	N	D

Material:

- Fertigbecken
- Sand (Körnung 0/2 mm, frei von Steinen)
- Substrat und Steine für die Teichzonen

Werkzeug, Zubehör:

- Markierungspflöcke und Wasserschlauch
- Spaten, Schaufel und Rechen, evtl. Spitzhacke
- evtl. Minibagger
- Plastikplane zum Lagern des Aushubs
- Schubkarre
- Wasserwaage und Richtscheit
- Kanthölzer (10 cm breit)
- Handstampfer
- evtl. Kompostsieb

Fertigteiche haben viele Vorteile: Sie haben eine lange Lebensdauer, weil sie unempfindlich gegen Steine, Wurzeln, Wühlmausverbiss, UV-Strahlen und Frost sind. Außerdem lassen sie sich recht problemlos einsetzen, auch wenn das Ausheben der passgenauen Teichgrube aufwändiger ist als beim Folienteich. Fertigbecken sind vor allem für kleine und mittlere Gartenteiche bis zu 4 m Länge und entsprechender Breite zu empfehlen. Von kleineren Becken unter 1,5 m Länge ist abzuraten, weil sie sich im Sommer zu leicht aufheizen. Größere wiegen relativ viel und sind nur sehr schwer zu handhaben. Außerdem kosten große Fertigteiche im Vergleich zu Folienteichen gleichen Ausmaßes deutlich mehr Geld.

Kriterien für den Kauf

Damit Sie möglichst lange Freude an Ihrem Fertigteich haben, sollten Sie beim Kauf des Beckens auf gute Qualität achten. Markenfabrikate sind in der Regel dickwandiger und verziehen sich auch nach längerer Zeit unter dem Druck des Wassers nicht. Außerdem gibt es für hochwertige Becken oft sinnvolle Ergänzungen und praktisches Zubehör wie Pflanzkästen, Sumpfbeete, Bachschalen sowie Über- und Abläufe.

- **Material:** Kleinere Fertigbecken bestehen meist aus Polyethylen (PE), größere werden aus glasfaserverstärktem Kunststoff (GFK) gefertigt (→ Seite 14/15). PE-Becken sind leicht, GFK-Becken sehr schwer und können nur von mehreren Personen transportiert werden. Beide Materialien sind praktisch unverwüstlich. Achten Sie unbedingt darauf, dass die Garantiezeit mindestens 10 Jahre beträgt. PE-Becken gibt es auch als so genannte besandete Modelle: Ihre Oberfläche besteht nicht aus glattem Kunststoff, sondern sieht aus wie Sand: So vermittelt sie einen natürlicheren Eindruck.

- **Größe** und **Tiefe:** Für die Funktionalität eines Beckens spielt die Form keine Rolle, sie ist allein eine Frage des persönlichen Geschmacks. Dagegen haben Größe und Tiefe einen wichtigen Einfluss auf das biologische Gleichgewicht des Teiches. Kaufen Sie Ihr Becken nicht zu klein. Veranschlagen Sie als Mindestgröße etwa eine Länge von 1,5 m, eine Breite von ca. 3 m und eine Tiefe von 80 cm. Das entspricht einer Oberfläche von 4–5 m².

> Ein Wassergarten entsteht

Kleinere Becken sind nicht nur pflegeintensiver, weil sie schneller zuwuchern. Das Wasser heizt sich in ihnen auch zu schnell auf. Die Folge: Das biologische Gleichgewicht und damit die Selbstreinigungskraft des Gewässers wird gestört. Außerdem wirkt das fertig bepflanzte Becken später immer deutlich kleiner als es in Wirklichkeit ist.

- Achten Sie darauf, dass unterschiedlich tiefe **Pflanzebenen** vorhanden sind. Keinesfalls fehlen sollte die Sumpfzone, weil mehr als 60 % aller attraktiven Wasserpflanzen ausschließlich für diesen Bereich geeignet sind. Sie entnehmen dem Wasser mit ihren Wurzeln überschüssige Nährstoffe und halten es sauber.
- Die **Wände** des Beckens sollen Wellen und Vorsprünge haben. An solchen Stellen lagern sich Pflanzenreste und Schwebstoffe ab und können besser von Mikroorganismen zersetzt werden. Sind die Wände zu steil und glatt, sammeln sich alle Pflanzenreste und Schwebstoffe unten auf dem Teichgrund, es entsteht leicht eine Schicht Faulschlamm.

Einbau Schritt für Schritt

Ein Fertigbecken ist starr und unflexibel. Anders als bei einem Folienteich muss deshalb beim Einbau eines Fertigbeckens der Aushub sehr exakt vorgenommen werden. Das bedeutet, dass Sie jede Ausbuchtung Schritt für Schritt nach-

1 Standort markieren
Stellen Sie das Fertigbecken auf den gewünschten Standort und markieren Sie die Umrisse durch einen Gartenschlauch und in den Boden geschlagene Pflöcke oder angespitzte Latten.

2 Form ausheben
Heben Sie die Grasnarbe ringsherum 10 cm breiter als das Becken ab und entfernen Sie dabei eventuell auftauchende Steine oder Wurzeln. Der Untergrund wird mit dem Rechen geglättet.

3 Abdruck erstellen
Setzen Sie das Becken auf den so vorbereiteten Untergrund. So erhalten Sie den exakten Abdruck der Tiefenzone des Beckens, der vorgibt, wo Sie graben müssen.

4 Tiefste Ebene ausheben
Graben sie die tiefste Ebene 10 cm tiefer und breiter aus, als es dem Abdruck entspricht. Dieser zustätzliche Raum wird später mit einer Sandschicht aufgefüllt.

Gartenpraxis

modellieren müssen, damit das Becken hinterher wirklich fest steht. Schon kleinste Hohlräume oder Unebenheiten können dazu führen, dass sich das Material unter dem Druck des Wassers verzieht und das Becken möglicherweise zerbricht. Besonders wichtig ist, dass das Becken exakt waagerecht eingebaut wird, weil sonst der Eindruck entsteht, der Wasserspiegel sei schief. Im Gegensatz zum Folienteich sind bei einem Fertigteich nachträgliche Korrekturen nicht mehr möglich.

- **Teichgrube ausheben:** Stellen Sie zunächst das Becken auf den vorgesehenen Platz und markieren Sie die Umrisse (→ Abb. 1). Wichtig ist, dass Sie jede Ebene des Beckens 10 cm breiter und tiefer ausheben, als es dem Umriss entspricht. Diese Zwischenräume werden später mit Sand eingeschlämmt. Um den Untergrund dem Becken richtig anpassen zu können, muss während des Aushubs das Becken mehrfach eingesetzt und wieder herausgehoben werden (→ Abb. 2–5). Säubern Sie den Untergrund von Wurzeln und Steinen, glätten Sie ihn sorgfältig mit einer Schaufel und messen Sie mit Richtscheit und Wasserwaage, ob er eben ist (→ Abb. 6).
- **Boden der Grube vorbereiten:** Legen Sie 10 cm dicke Kanthölzer auf die tiefste Stelle der Teichgrube. Füllen Sie Sand ein, bis die Kanthölzer knapp bedeckt sind. Anschließend wird der Sand mit dem Handstampfer verdichtet und so viel nachgefüllt, bis eine 10 cm dicke, verdichtete Sandschicht entsteht. Ziehen Sie den Sanduntergrund mit einem Richtscheit auf den Kanthölzern ab, und messen Sie mit Richtscheit und aufgelegter Wasserwaage, ob der Untergrund waagerecht ist (→ Abb. 7). Entfernen Sie schließlich die Kanthölzer, und füllen Sie eventuelle Hohlräume mit Sand auf.
- **Becken einpassen:** Lassen Sie das Becken vorsichtig in die Mulde hinab und prüfen Sie, ob es überall exakt waagerecht steht. Dazu legen Sie das Richtscheit mit Wasserwaage an verschiedenen Stellen rund um den Teich auf dem Beckenrand auf (→ Abb. 8). Steht das Becken nicht eben, müssen Sie es noch einmal herausnehmen und die unebenen Stellen entweder mit Sand auffüllen oder überschüssigen Sand entfernen. Korrigieren Sie solange, bis die Ausrichtung perfekt ist.
- **Teich einschlämmen:** Damit das Becken nicht auftreibt, wird zu etwa einem Drittel Wasser eingelassen. Füllen Sie anschließend den Raum an den Seiten, indem Sie Sand oder Teile des Aushubs einschlämmen. Den Aushub sollten Sie zuvor unbedingt mit einem Kompostsieb von Steinen befreien. Schlämmen Sie das Füllmaterial sorgfältig mit Wasser ein (→ Abb. 9). Bei kleineren Teichen genügt eine Gießkanne, bei größeren Teichen empfiehlt sich ein Gartenschlauch. Arbeiten Sie stets mit geringem Wasserdruck, weil das Teichbecken sonst leicht unterspült wird.

5 Becken einpassen
Passen Sie das Becken in die Mulde mit der ausgehobenen Tiefenzone ein. So erhalten Sie nun den Abdruck der nächst flacheren Zone. Auch diese wird wieder 10 cm tiefer und breiter ausgegraben als der Abdruck.

6 Boden glätten
Nach Abschluss der Grabungsarbeiten wird der Untergrund sorgfältig von Steinen und Wurzeln befreit. Nun glätten Sie ihn sorgfältig mit der Schaufel, damit das Becken ganz eben steht.

> Ein Wassergarten entsteht

Füllen sie den Sand oder die Erde zunächst nur unter dem Becken und bis zum oberen Ende der Tiefenzone auf. Dann warten Sie einen Tag, damit sich das eingeschlämmte Material setzen kann. So wird verhindert, dass das Becken nach dem Befüllen absackt.
Erst dann schlämmt man den Rest Sand bis zum oberen Beckenrand ein. Beginnt das Becken dabei zu wackeln oder hochzutreiben, füllen Sie mehr Wasser ins Becken. Soll der Uferrand später mit nährstoffliebenden Stauden bepflanzt werden, können Sie die oberste Spatentiefe statt mit Sand auch mit Humus füllen.
Zum Schluss pumpt man das Wasser im Becken mit einer Gartenpumpe wieder ab.

Fertigteiche variieren

Es gibt eine ganze Reihe interessanter Möglichkeiten, Fertigteiche zu vergrößern oder anderweitig zu verändern.
- **Teichvergrößerung**: Einige Hersteller bieten Elemente an, durch die mehrere Becken miteinander verbunden werden können. Oder man fügt nach dem Baukastenprinzip verschiedene Grundformen aneinander. Diese Fertigteile, die ebenfalls aus glasfaserverstärktem Kunststoff (GFK) bestehen, kann man verschrauben und dann selbst mit Silikonkautschuk oder GFK abdichten.
- **Sumpfbeet**: Für den nachträglichen Einbau eines Sumpfbeets in ein Becken gibt es im Fachhandel spezielle Sumpfpflanzkästen. Diese werden mit Halterungen am Beckenrand eingesetzt und hängen dann wie durchlöcherte Balkonkästen im Wasser.
An PE-Fertigbecken können Sie auch ein Sumpfbeet mit PE-Teichfolie anbauen. Hierzu heben Sie je nach Teichgröße am Teichrand ein 1–2 m² großes Beet 10–50 cm tief aus, bringen eine 10 cm dicke Sandschicht auf und legen dann die Teichfolie auf den steinfreien Untergrund. Die Folie muss rundum je 30 cm Überstand haben. Am Übergang zur Erde bauen Sie eine Kapillarsperre ein (▸ Seite 46), an der Seite zum Teich lassen Sie die Folie in der vorgeformten Sumpfzone des Beckens enden und befestigen sie dort mit einem PE-Kleber am Beckenrand.

Untergrund nivellieren
Prüfen Sie mit Kanthölzern und Wasserwaage, ob der Untergrund waagerecht ist. Dann füllen Sie eine 10 cm dicke Sandschicht ein und verdichten sie gut. Ziehen Sie mit dem Richtscheit die Sandschicht auf den Kanthölzern ab.

Becken einsetzen
Entfernen Sie die Kanthölzer aus der Mulde. Nun kann das Becken vorsichtig eingesetzt werden. Überprüfen Sie mit der Wasserwaage, ob das Becken überall exakt waagerecht ausgerichtet ist und sicher steht.

Becken einschlämmen
Bringen Sie nun Sand in den Raum zwischen Becken und Boden und schlämmen Sie ihn sorgfältig mit weichem Wasserstrahl ein. Damit das Becken nicht auftreibt, wird es vorher mindestens zu einem Drittel mit Wasser gefüllt.

2 Gartenpraxis

> PRAXIS

Der Bau eines Folienteichs

Egal, ob Sie einen fantasievoll gestalteten Zierteich oder einen naturnahen Wassergarten mit abwechslungsreicher Bepflanzung möchten: Mit einem Folienteich lassen sich Ihre Ideen leicht verwirklichen.

DAS BRAUCHEN SIE FÜR EINEN FOLIENTEICH

Material:
- Sand
- Teichvlies
- Teichfolie

Werkzeug, Zubehör:
- Wasserschlauch
- Bandmaß oder Schnur, Zollstock, Bleistift
- Spaten, Schaufel, Rechen, evtl. Spitzhacke
- bei großen Teichen evtl. Minibagger
- Schubkarre
- Plastikplanen
- Holzpflock von etwa 10 cm Durchmesser und zersägte Dachlatten
- Wasserwaage, Richtscheit
- Handstampfer
- evtl. Laserwasserwaage

Auch wenn Sie noch so genau geplant haben, stehen Sie beim Ausgraben der Teichgrube für einen Folienteich manchmal vor unvorhergesehenen Problemen und müssen Ihren ursprünglichen Plan modifizieren: Das können z. B. große Wurzelstöcke oder Steine sein, die im Weg sind und sich nicht entfernen lassen, so dass die Teichform leicht abgeändert werden muss. Deshalb sollten Sie Sand, Vlies, Folie oder Teichsubstrat erst dann kaufen, wenn die Teichmulde komplett fertig gestellt ist (→ Seite 35) und Sie sie exakt ausmessen können. Die Folie nachzubestellen, ist meist teuer. Außerdem sollte man Folien nicht selbst kleben, da vor allem größere Nahtstellen oft nicht lange halten und der Hersteller keine Garantie übernimmt.

Form und Profil

Markieren Sie als erstes den Umriss des künftigen Teichs mit einem Gartenschlauch, Pflöcken und Schnur oder Sand (→ Abb. 1). Probieren Sie verschiedene Formen und Größen aus, bis Sie mit dem Ergebnis endgültig zufrieden sind. Verzichten Sie möglichst auf enge Rundungen, denn diese wirken nicht nur unnatürlich, sondern die Folie kann an solchen Stellen später auch unerwünschte Falten werfen. Am besten bestimmen Sie schon zu Beginn den Platz für die verschiedenen Pflanzzonen und auch, wie tief der Teich werden soll. Wie die Praxis zeigt, reichen drei Abstufungen normalerweise völlig aus (→ Seiten 20–23). Eine bewährte Unterteilung sieht folgendermaßen aus:
- ca. 40 % der Teichoberfläche als Sumpfzone mit einer Wassertiefe von 0–20 cm
- ca. 40 % der Teichoberfläche als Flachwasserzone mit einer Wassertiefe von 20–50 cm
- mindestens 20 % Tiefwasserzone mit einer Wassertiefe von 80–100 cm.

Die Tiefe berechnen

Vor dem Graben müssen Sie noch die tiefste Stelle der Teichgrube berechnen. Soll Ihr Gartenteich z. B. 80 cm tief werden, dann reicht es nicht, eine Grube von 80 cm auszuheben, sondern Sie müssen die Dicke von Sand- und Substratschicht einkalkulieren:

```
   80 cm  Wassertiefe
   10 cm  Sandschicht
 +  5 cm  Teichsubstrat
 = 95 cm  tiefe Teichmulde
```

> Ein Wassergarten entsteht

1 Umriss markieren
Markieren Sie den Umriss des künftigen Gartenteichs mithilfe von Holzpflöcken oder mit einer Sandspur. Vermeiden Sie allzu enge Kurven, weil hier die Folie später Falten werfen kann.

2 Tiefenzone ausheben
Entfernen Sie die Grasnarbe innerhalb der Markierung und beginnen Sie anschließend mit dem Ausgraben der flachsten Teichzone. Die Übergänge zwischen den Zonen sollten möglichst flach sein.

3 Kapillarsperre vorbereiten
Heben Sie rings um die fertige Teichgrube auf einer Breite von ca. 30 cm die Grassoden ab. In diesem Randbereich wird im nächsten Schritt der Graben für die Kapillarsperre angelegt.

Haben Sie einen sehr sandigen Boden, der frei von Steinen ist, können Sie auf die Sandschicht verzichten und statt dessen ein stärkeres Teichvlies unter die Folie legen.

Die Teichgrube ausheben

Entfernen Sie zunächst die Grasnarbe und legen Sie die Grassoden beiseite. Heben Sie anschließend für die flachste Zone die Mutterbodenschicht ab und lagern Sie diese gesondert – Sie können sie später bei der Gestaltung der Umgebung des Teichs oder anderswo im Garten verwenden. Sofern die Teichgröße es zulässt, sollten die Übergänge von der flacheren zur nächst tieferen Zone möglichst wenig Gefälle aufweisen, weil die Folie auf steilem, terrassenartigem Gefälle oft unerwünschte Falten wirft und das Substrat dort leicht abrutscht. Lassen Sie deshalb am Ende jeder Zone vorsorglich einen kleinen, etwa 10 cm hohen Wall stehen, der diese Pflanzebene von der nächst tieferen Ebene trennt. Dieser Wall zieht sich entlang der ganzen Tiefenzone. Modellieren Sie die einzelnen Pflanzebenen muldenartig in den Boden. Ganz zum Schluss graben Sie die Tiefwasserzone aus (→ Abb. 2).
Ist die Teichmulde fertig ausgehoben, legen Sie rings um den Teich am unmittelbaren Teichrand einen dachrinnenartigen Graben von 15 cm Breite und 15 cm Tiefe an (→ Abb. 3+4). Er dient dazu, nach dem Einlegen der Teichfolie eine Kapillarsperre (→ Seite 46) zu errichten. Sie verhindert, dass das umliegende Erdreich Wasser aus dem Teich saugt und der Wasserspiegel absinkt. Jetzt ist auch der richtige Zeitpunkt, Kabelschächte (→ Seite 35) für Zuleitungen von Pumpen (→ Seite 70/71) und Beleuchtung (→ Seite 60/61) sowie die Gräben für Zuläufe und Überläufe anzulegen. Sie können z. B. einen Graben für den Zulauf aus der Regenrinne anlegen, um den Teich bei Bedarf mit Regenwasser statt mit teurem Leitungswasser auffüllen zu können. Fehlen sollte auf keinen Fall ein Überlauf, über den z. B. nach starken Regenfällen überschüssiges Wasser ablaufen kann. Anleitungen für den Bau von Zu- und Abläufen finden Sie auf Seite 48/49.

2 Gartenpraxis

Den Teichboden verdichten

Ist die Teichmulde fertig aus-modelliert, müssen Sie sorgfäl-tig spitze Steine und Wurzeln aus dem Boden ausgraben und entfernen (→ Abb. 5). Anschließend wird die ganze Teichgrube mit einem Hand-stampfer oder einem Motor be-triebenen Stampfer verfestigt. Bei weichen, sandigen Böden müssen Sie stärker verdichten, bei schwerem, lehmigem Un-tergrund weniger. Kontrollie-ren Sie anschließend in jedem Fall sorgfältig, ob der Unter-grund stark genug verdichtet ist, besonders im Randbereich. Dazu springen Sie mit beiden Beinen mehrmals auf den Boden der Teichmulde. Wenn Sie nicht mehr merklich ein-sinken, ist das Erdreich ausrei-chend festgestampft.

Das Verdichten ist ein beson-ders wichtiger Arbeitsschritt: Sackt der Teichrand nachträglich ab, ist es meistens kaum noch möglich, ihn zu korrigieren. Im schlimmsten Fall kann dabei sogar die Teichfolie aus der Kapil-larsperre herausgerissen werden.

Den Teichrand nivellieren

Messen Sie nun, ob der Teich-rand überall dieselbe Höhe hat, damit das Wasser später nicht an einer tieferen Stelle ausläuft. Dazu legen sie bei kleineren Teichen zunächst eine Richtlatte einfach quer über den Teich. Bei größeren Teichen schlagen Sie einen Holzpflock in die Mitte der Teichmulde und legen dann die Richtlatte so auf, dass sie mit dem einen Ende auf dem Holz-pflock und mit dem anderen auf dem Teichrand liegt. Bei beiden Varianten muss die Latte zunächst auf dem höch-sten Punkt des Teichrands lie-gen. Er dient als Richtmaß für alle weiteren Messungen. Nun legen Sie eine Wasserwaage so auf die Richtlatte, dass sie genau waagerecht liegt (→ Abb. 7). Gleichen Sie die Höhe der höchstgelegenen Uferpartie an, indem Sie den Pflock in der Mitte tiefer einschlagen oder etwas höher setzen.

Legen Sie nun die Latte vom Pflock aus Stück für Stück rund um den Teich und über-

prüfen Sie, ob das Ufer überall gleich hoch ist. Dazu schlagen Sie an jedem Messpunkt kurze Dachlatten-Stücke in den Teichrand ein, auf denen Sie mit Bleistift genau die notwendige Höhe markieren. Ist eine Ufer-partie noch zu niedrig, schütten Sie den Rand noch auf. Nur ein etwa 1 m langes Stück des Teichrands, an dem später der Überlauf und die Drainage lie-gen sollen, lassen Sie etwas nied-riger, damit später bei Regen überschüssiges Wasser ablaufen kann. Dieser geplante Überlauf sollte an einer Stelle liegen, die später nicht begangen wird (→ Seite 48/49), damit sie nicht beschädigt werden kann.

Bei Teichen mit einem Radius über 3 m ist beim Nivellieren des Teichrands eine Laserwas-serwaage sehr hilfreich, denn ab dieser Länge hängt eine Richtlatte leicht durch und es sind keine exakten Messungen mehr möglich.

Den Untergrund vorbereiten

Bedecken Sie nun alle ebenen Flächen mit einer 10–15 cm dicken Sandschicht, feuchten diese an und verdichten sie (→ Abb. 8). Nur wenn der Boden sandig ist und sich keine spit-zen Steine im Untergrund be-finden, können Sie das Teich-vlies auch direkt einlegen. An-dernfalls empfiehlt es sich, die Teichmulde mit einer Sand-schicht und einem Teichvlies zu präparieren.

Das Einbringen der Sandschicht und das Verlegen von Vlies und

---

Praxisinfo

DIE RICHTIGE FOLIENSTÄRKE

Diese Folienstärken für bestimmte Größen der Gartenteiche haben sich bewährt:

- bis 6 m²: Folienstärke von 0,8 mm (EPDM) bis 1 mm (PVC)
- bis 20 m²: Folienstärke von 1 mm
- größer als 20 m²: Folienstärke von 1,5 mm
- ab 50 m²: Für so große Teiche ist eine Folienstärke von 2 mm nötig.

> Ein Wassergarten entsteht

Folie sollten Sie an einem sonnigen Tag vornehmen und möglichst schnell abschließen. Denn schon ein kurzer Regenschauer reicht aus, um die Sandschicht von den Böschungen zu spülen.

Wieviel Vlies und Folie sind nötig?

Erst wenn die Teichmulde komplett fertig und der Untergrund vorbereitet ist, können Sie die benötigte Menge an Vlies und Folie exakt berechnen. Am einfachsten geschieht das mit einem Rollbandmaß (→ Abb. 6); Sie können aber auch eine einfache Schnur verwenden und diese dann später mit einem Zollstock nachmessen. Ermittelt werden die längste und die breiteste Stelle der Teichmulde. Dazu wird das Bandmaß oder die Schnur locker durch den Teich gezogen. Anschließend addiert man sowohl zur Länge als auch zur Breite eine Randzugabe von 60 cm für die Kapillarsperre (→ Seite 46/47). So ist nach dem Einlegen der Folie gewährleistet, dass noch ausreichend Material vorhanden ist, um sie sicher am Rand zu befestigen. Ein Rechenbeispiel: Bei einem Teich, der an der längsten Stelle 8 m und an der breitesten Stelle 4 m misst, ergibt sich nach Berücksichtigung des Randzuschlags von 60 cm folgende Größe der benötigten Teichfolie: 8,6 m x 4,6 m. Folien in diesen Formaten können Sie nun beim Hersteller zusammensetzen und kleben lassen.

4 Teichrand anlegen
Heben Sie unmittelbar am Teichrand einen dachrinnenartigen Graben von 15 cm Breite und Tiefe aus. Der schmale Erdwall zwischen Graben und Teich bildet später die Kapillarsperre.

5 Glätten und verdichten
Entfernen Sie nun sorgfältig Wurzeln und Steine aus der Teichgrube. Verdichten Sie den Untergrund und insbesondere den Randbereich mit einem Handstampfer.

6 Folienmaß bestimmen
Mit einer Schnur oder einem Rollbandmaß messen Sie die längste und breiteste Stelle im Teich, um die Maße von Vlies und Folie berechnen zu können.

7 Teichrand nivellieren
Nun prüft man mit Richtscheit und Wasserwaage, ob der Teichrand überall gleich hoch ist, damit später kein Wasser ausläuft. Wenn nötig, den Teichrand ausnivellieren.

Gartenpraxis

8 Sandschicht einbringen
Jetzt wird eine 10–15 cm dicke Sandschicht auf allen ebenen Flächen verteilt und mit einem Handstampfer oder Rüttler verdichtet. Der Sand schützt die Folie vor Verletzungen.

9 Teichvlies auslegen
Die mit Sand ausgekleidete Mulde wird nun mit einem speziellen Teichvlies ausgekleidet. Achten Sie darauf, dass die Vliesbahnen sich dabei überlappen und möglichst faltenfrei liegen.

10 Folie auslegen
Breiten Sie die Folie aus und ziehen Sie sie vorsichtig mit der glatten Seite nach unten in die Teichmulde, ohne dass das Vlies verrutscht. Dazu brauchen Sie mehrere Personen.

11 Folie glätten
Nun werden die Falten der Folie geglättet. Zum Schutz der empfindlichen Folie sollte sie nur ohne Schuhe betreten werden. Überstehende Ränder nicht abschneiden!

Rechnen Sie beim Vlies noch einige Zentimeter dazu, weil sich die Bahnen beim Verlegen überlappen sollen.

Vlies und Folie verlegen

Die einzelnen Vliesbahnen werden nun in der Teichmulde so verlegt, dass sie sich an den Rändern etwa 20 cm überlappen (→ Abb. 9). Das Verkleben der Vliesbahnen mit einem Spezialkleber ist nicht unbedingt erforderlich. Es kann aber hilfreich sein, damit die Vliesbahnen beim Einlegen der Teichfolie nicht verrutschen. Ist das Vlies eingebracht, wird die Teichfolie verlegt. Dazu braucht man normalerweise Hilfe, denn Teichfolie kann ein beträchtliches Gewicht haben. So ist 1 m^2 Folie von 1,5 mm Stärke bereits ca. 2,1 kg schwer und eine Teichfolie von 40 m^2 (8 x 5 m) wiegt sogar ca. 74 kg. Vor dem Verlegen empfiehlt es sich, die Folie auf einer offenen Fläche auszubreiten. Dabei sollte die glatte Seite nach unten und die raue nach oben liegen. Durch die Sonnenbestrahlung wird das Folienmaterial geschmeidig und passt sich beim Verlegen leichter den Konturen der Teichgrube an. Allerdings dürfen Sie die Folie nicht länger als etwa eine Stunde auf dem Rasen liegen lassen, weil es unter der dunklen Folie schnell heiß wird und unter Umständen der Rasen »verbrennen« kann.
Im Anschluss ziehen Sie die Folie sehr vorsichtig in die

> Ein Wassergarten entsteht

Teichgrube (→ Abb. 10). Prüfen Sie zuvor, ob Sie keine scharfkantigen Werkzeuge in der Grube vergessen haben, die die Folie beschädigen könnten. Achten Sie darauf, dass beim Verlegen der Folie das Sandbett bzw. die Vliesbahnen nicht verrutschen. Bei Teichanlagen ab etwa 50 m² Größe ist es aufgrund des hohen Gewichts der Folie oft nicht mehr möglich, sie voll ausgebreitet in die Teichmulde zu ziehen. In solchen Fällen legt man das Folienpaket am besten in die Mitte der Teichgrube und faltet es dann zu allen Seiten auf. Von den Außenrändern her wird die Folie anschließend Stück für Stück in ihre endgültige Position gezogen.

Falten glätten

Glätten Sie zum Schluss noch störende Falten so gut wie möglich (→ Abb. 11). Dies ist wichtig, weil Falten potentielle Bruchstellen sind, die dazu führen, dass die Folie undicht wird. Wenn Sie die Folie zum Glätten betreten müssen, sollten Sie dabei sehr vorsichtig sein. Besonders dünne Folien (bis 1 mm Stärke) dürfen nur ohne Schuhe betreten werden, damit sie nicht reißen.

Den Teich mit Wasser befüllen

Nun muss sich die Folie der Teichmulde noch möglichst genau anpassen. Dazu wird der Teich zu etwa einem Drittel mit Wasser gefüllt. Bevor Sie Wasser in den Teich einlassen, sollten Sie prüfen, ob die Teichfolie

auch an den Rändern noch etwa 50 cm übersteht. Das ist sehr wichtig, damit sich später die Kapillarsperre rund um den Teich anbringen lässt (→ Seite 46/47). Durch den Wasserdruck verschwindet nicht nur die ein oder andere Falte, sondern an einigen Stellen setzt sich auch noch der Untergrund. Zum Befüllen eignen sich sowohl Leitungs- als auch Brunnenwasser. Diese erste Teichfüllung sollte man nun für etwa 24 Stunden im Teich belassen.

Die nächsten Schritte

Ist der Teich soweit angelegt, können Sie den Teichrand mit der Kapillarsperre fertig stellen.
■ Jetzt ist auch der richtige Zeitpunkt, um einen Wasserzulauf und -überlauf anzulegen (→ Seite 48/49).
■ Wenn Sie möchten, können Sie jetzt einen Bach anlegen, der in den Teich mündet (→ Seite 52/53). Auch Wege am und zum Teich (→ Seite 56/57), Stege, Holzdecks oder Brücken (→ Seite 58/59) sollten Sie

möglichst schon jetzt bauen. Denn wenn der Teich erst einmal fertig bepflanzt und mit Wasser gefüllt ist, werden diese Arbeiten unnötig erschwert.
■ Stellen Sie die Kabelschächte für elektrisches Zubehör wie Pumpen, Filter oder eine Teichbeleuchtung fertig.
■ Die Wasserfüllung zum Glätten der Folie wird mit einer Gartenpumpe wieder abgepumpt, damit diese mit Kieseln und anderen Steinen bedeckt werden kann.
■ Anschließend können Sie mit der Bepflanzung des Teichs beginnen. Erst danach füllen Sie Wasser in Ihren Teich (→ Seite 76/77). Nun können Sie auch den Uferrand bepflanzen und nach Geschmack mit Steinen, Findlingen oder Skulpturen dekorieren (→ Seite 60/61).
■ Wenn Sie Fische in den Teich einsetzen wollen, sollten Sie damit noch einige Monate warten, damit die Pflanzen gut anwachsen, ihre volle Pracht entfalten können und sich im Teich ein biologisches Gleichgewicht einstellen kann.

Praxisinfo

TEICHFOLIEN REPARIEREN

Folienreste sind nützlich für kleine Reparaturen:

■ Gehen Sie mit einem Stück Folie zum Fachhändler und lassen Sie sich den passenden Spezialkleber geben.

■ Schneiden Sie einen Flicken aus dem Folienrest. Er muss den Riss großzügig bedecken.

■ Tragen Sie mit einem Pinsel den Spezialkleber auf den ganzen Flicken auf. Mit einem Teppichroller gut festdrücken und den Kleber nach Anweisung trocknen lassen.

> PRAXIS

Der richtig angelegte Teichrand

Das A und O eines gelungenen Gartenteichs ist der Teichrand: Er ist nicht nur der dekorative Rahmen mit attraktiven Pflanzen, sondern beherbergt auch die Kapillarsperre, die das Erdreich vom Wasser trennt.

Im Teichrand liegen Elemente, die für das Funktionieren des Teichs unerlässlich sind: Neben der Kapillarsperre sind dies der Wasserzulauf sowie der Überlauf mit der Dränage.

Kapillarsperre bauen

Die wichtigste Funktion des Teichrands ist, zu verhindern, dass das umliegende trockene Erdreich durch die so genannten Kapillarkräfte Wasser aus dem Teich saugt. Dadurch würde der

Wasserspiegel allmählich sinken und Sie müssten laufend Wasser nachfüllen.

Beim Fertigbecken stellt sich dieses Problem nicht. Hier trennt der Rand des Kunststoffbeckens Wasser und Erdreich. Es ist lediglich erforderlich, den wenig dekorativen Beckenrand mit großen Steinen und ans Ufer gesetzten Pflanzen zu kaschieren. Beim Folienteich dagegen ist es unumgänglich, eine Sperre zwischen dem Erdreich am Ufer und dem Wasser zu errichten.

▪ Für die Kapillarsperre legt man beim Ausheben der Teichgrube rings um den Teich einen dachrinnenartigen Graben und einen Wall an (→ Seite 43, Abb. 4). An dem geplanten Überlauf legen Sie den Wall einige Zentimeter niedriger an (→ Seite 49).
▪ Ziehen Sie die überstehende Folie über diesen Wall in den Graben. Dieser Folienwall unterbricht die Verbindung zwischen Wasser und Erdreich.
▪ Jetzt wird die Folie so weit im Graben versenkt, dass sie auf der gegenüberliegenden Seite noch etwas nach oben führt (→ Seite 47, Abb. 1). Dann schneidet man die Folie, falls sie noch weiter übersteht, ab.
▪ Anschließend schichten Sie Kieselsteine auf die Folie und füllen so den Graben auf. Die Steine sorgen dafür, dass die Folie sicher befestigt ist und nicht aus dem Graben rutscht. Außerdem bilden die Steine eine Barriere gegen einwachsende Graswurzeln.

Gestaltung des Teichrands

Damit sich Ihr Teich harmonisch in die Umgebung einfügt, sollten die Teichränder möglichst natürlich in das Umfeld übergehen. Dafür gibt es verschiedene Möglichkeiten:
▪ Legen Sie auf den mit Kieseln gefüllten Graben der Kapillarsperre Steine und Findlinge unterschiedlicher Größe (→ Seite 47, Abb. 1). Solche Steine bekommen sie im Baustoffhandel. Sie dienen sowohl der Befestigung als auch der Dekoration. Dies ist die häufigste und ein-

---

Praxisinfo

EIN BLÜHENDES SUMPFBEET

Durch Sumpfbeete lässt sich – ähnlich dem Bau eines Folienteichs – nachträglich an Fertigbecken eine Sumpfzone anfügen oder an Folienteichen die Sumpfzone vergrößern:

▪ Heben Sie das Beet ca. 35 cm tief aus und füllen Sie eine 10 cm dicke Sandschicht ein. Legen Sie die Folie aus und errichten Sie eine Kapillarsperre (→ oben).
▪ Füllen Sie etwa 5 cm Substrat ein (→ Seite 51) und bepflanzen das Beet nach Belieben mit Sumpfpflanzen.

> Ein Wassergarten entsteht

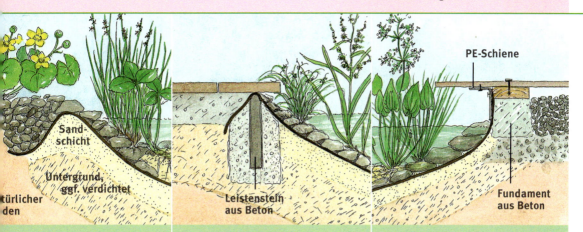

1. Nicht befestigte Uferzone
Die Teichfolie wird in den um den Teich führenden Graben gezogen, der dann mit Kieseln aufgefüllt wird. Das Ufer deckt man mit Steinen und Findlingen ab. Ein so gestaltetes Ufer sollte nicht betreten werden, es ist nicht stabil genug.

2. Begehbare Uferzone
Um am Ufer Zugänge zu schaffen, wird hier ein so genannter Leistenstein in Magerbeton eingesetzt. Vlies und Folie werden darüber gezogen. Der Leistenstein bietet einem Belag aus Steinplatten die nötige Stabilität.

3. Ufergestaltung an der Terrasse
Schließt der Teich an eine Terrasse an, werden Vlies und Folie am Betonfundament vorbeigeführt und mit speziellen PE-Schienen festgeschraubt. Die PE-Schienen werden an Kanthölzern befestigt, die als Terrassenunterbau dienen.

---

fachste Variante der Uferrandgestaltung. Sie ist aber, weil sie nicht stabil genug ist, nur dort zu empfehlen, wo der Teichrand später auf keinen Fall mehr betreten werden soll.
- Beim Teichbau sollten Sie unbedingt Stellen am Uferrand einplanen, die betreten werden können. Denn Sie müssen den Teich ja pflegen können – und wollen auch das Leben im Wasser beobachten. Der Zugang sollte besonders befestigt werden, damit der Teichrand bzw. die Kapillarsperre nicht niedergetreten wird und abrutscht. Dazu stabilisieren Sie den Teichrand mit einem so genannten Leistenstein (Baustoffhändler). Ein gängiges Maß sind 5 x 25 x 100 cm. Zum Verlegen wird zunächst Magerbeton trocken ausgebracht, darauf wird der Leistenstein gesetzt und mit der Wasserwaage ausnivelliert. Dann wird der Beton angefeuchtet und mit der Kelle sofort verarbeitet. Nach ca. zwei Tagen ist der Beton getrocknet und der Stein sitzt fest. Nun werden Vlies und Teichfolie über den Leistenstein gezogen. Um das Ufer an dieser Stelle bequem betreten zu können, verlegen Sie auf dem Graben der Kapillarsperre und dem Leistenstein einen Plattenweg (→ Abb. 2). Damit die Platten nicht kippen, dürfen sie den Leistenstein um nicht mehr als ein Drittel der Plattengröße überragen. Solche Platten haben außerdem den Vorteil, dass sie die über den Leistenstein gezogene Folie beschatten und vor UV-Licht schützen. Geeignet sind Platten aus verschiedenen Materialien wie z. B. Natur- oder Betonstein (→ Seite 56/57).
- Bei Fertigbecken dürfen die Platten nicht direkt auf dem Rand verlegt werden. Der Beckenrand wird durch das Gewicht beschädigt, wenn man auf die Platten tritt. Verwenden Sie in diesem Fall spezielle Profilschienen, die einfach auf den Beckenrand geschoben werden und den Platten Halt geben.
- Wer das Ufer nicht mit Steinen abdecken möchte, kann Steinfolie zum Schutz über die Teichfolie legen: Die Steine sind hier bereits eingearbeitet. Sie gibt dem Teichrand ein natürliches Aussehen. Praktisch ist sie auch dort, wo das Ufer zu steil ist und Steine, Kiesel, Substrat oder Pflanzen

Gartenpraxis

keinen Halt finden. Zwar müssen steile Ufer nicht abgedeckt werden, es sieht aber unschön aus, wenn die nackte Folie im klaren Wasser zu sehen ist.
- Liegt der Teich direkt an einer Holzterrasse (→ Seite 47, Abb. 3), können Sie die schöne Kulisse besonders genießen. Die Balken, die das Holzdeck tragen, sind auf einem Streifenfundament aus Beton befestigt. Denn bei direktem Kontakt mit dem Erdboden würde das Holz faulen und mit der Zeit morsch werden. Vlies und Folie leitet man an diesem Fundament vorbei und schraubt beides mit L-förmigen PE-Schienen (ca. 20 cm lang, 0,7 mm stark) an den Trägerbalken des Holzdecks fest.

Wasserzulauf

Für den Wasserzulauf gibt es verschiedene Möglichkeiten:
- Wer das Glück hat, in seinem Garten einen Brunnen zu besitzen, kann den Teich selbstverständlich mittels einer Pumpe mit Brunnenwasser füllen.
- Sie können auch Leitungswasser mit einem Gartenschlauch in den Teich einlassen. Das ist die einfachste und auch am häufigsten gewählte Möglichkeit. Sie hat aber den Nachteil, dass Leitungswasser relativ teuer ist. Außerdem ist es meist kalt und enthält – je nach Region – sehr viel Kalk, so dass die Wasserqualität verschlechtert wird.
- Auf den ersten Blick aufwändiger, langfristig gesehen aber kostengünstiger ist es, den Teich über das Fallrohr der Regenrinne mit Wasser aufzufüllen. Bei Bedarf wird eine in ca. 1 m Höhe im Fallrohr installierte Klappe geöffnet.

Für die Zuleitung gibt es verschiedene Möglichkeiten: Liegt der Teich weiter vom Haus entfernt, müssen Sie an das Fallrohr eine Wasserleitung anschließen und – damit sie vor Frost geschützt ist – 80 cm tief im Boden zum Teich verlegen. Diese Art des Zulaufs funktioniert aber nur, wenn zwischen Regenrinne und Teich ein Gefälle besteht, so dass das Wasser zum Teich laufen kann. Befindet sich der Teich relativ nah an der Regenrinne, kann das Wasser über einen Sumpfgraben in den Teich laufen. Bei dieser Lösung wird das Wasser im Sumpfgraben außerdem mechanisch durch Kies oder Sand und biologisch durch Sumpfpflanzen und Mikroorganismen gereinigt.
- Heben Sie von der Einlaufstelle des Regenwassers bis zum Teich einen Graben von 35 cm Tiefe und 30 cm Breite aus, der ein leichtes Gefälle von 1–2 cm pro Meter aufweist.
- Befreien Sie dann den Untergrund von spitzen Steinen und Wurzeln und glätten Sie ihn mit einer Schaufel.
- Danach wird eine 5 cm dicke Sandschicht eingebracht und der Graben bis 5 cm unterhalb des oberen Randes mit Folie ausgelegt. Anschließend füllt man ihn bis zur Oberkante mit Kies oder Sand auf. Das Material dient gleichzeitig als Substrat für die Bepflanzung dieses

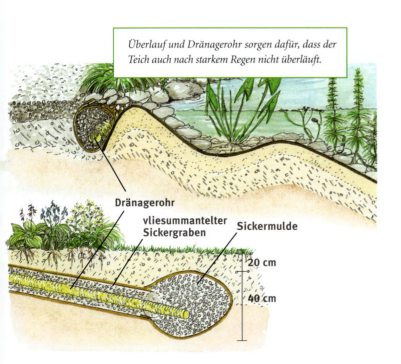

Überlauf und Dränagerohr sorgen dafür, dass der Teich auch nach starkem Regen nicht überläuft.

> Ein Wassergarten entsteht

Am Teichrand wird die Teichfolie über einen kleinen Wall aus Erde gezogen. Kiesel und Steine sorgen für den nötigen Halt.

Sumpfgrabens (→ Seiten 111–113).
Eine Kapillarsperre ist bei Sumpfgräben nicht erforderlich. Sie sollten lediglich wie bei einem normalen Gartenbeet darauf achten, dass der Rasen nicht in den Graben wächst und ihn regelmäßig abstechen. Ist der Graben kürzer als 2 m, sollten Sie den Sand oder Kies alle fünf Jahre auswechseln, weil sich relativ rasch Schmutzpartikel aus dem Wasser im Sumpfgraben anreichern.

Wasserüberlauf

Ein Überlauf (→ Abb. Seite 48) dient dazu, z. B. nach heftigen Regenfällen, überschüssiges Teichwasser über ein Dränagerohr gezielt abzuleiten. Bei tonig-lehmigen Böden (→ Seite 35) lässt man das Wasser in einen Sickerschacht oder in die Kanalisation abfließen (genehmigungspflichtig). Dazu brauchen Sie die Hilfe eines Fachmanns. Bei sandigen Böden ist eine Sickermulde ratsam.

Überlauf mit Sickermulde

- Für die Überlaufstelle sollten Sie eine Uferzone wählen, die später nicht mehr betreten wird. Die Sickermulde planen Sie 2–3 m vom Teich entfernt.
- Für die Soll-Überlaufstelle am Teichufer legen Sie als erstes das Niveau des Teichrands auf einer Länge von etwa einem Meter um einige Zentimeter niedriger an. Hier läuft überschüssiges Wasser in den Graben hinter der Kapillarsperre, der hier als Dränagegraben dient. In diesen Graben wird ein Dränagerohr verlegt, das 10 cm Durchmesser hat und oben mit Schlitzen versehen ist. Verlegen Sie das Rohr unterirdisch mit leichtem Gefälle 2–3 m vom Teich weg zur Sickermulde. Im Graben liegt das Rohr in einem etwa 40 cm tiefen Rollkiesbett, das mit Vlies ummantelt ist, so dass Erdteilchen die Schlitze des Dränagerohrs nicht verstopfen können.
- Für die Sickermulde heben Sie ein etwa 80 x 80 x 80 cm großes Erdloch aus. Die gesamte Mulde wird mit Vlies ausgekleidet und etwa zur Hälfte mit Rollkies gefüllt.
- Führen Sie nun das vom Teich kommende Dränagerohr bis etwa in die Mitte der Sickermulde und füllen Sie sie dann bis etwa 15 cm unterhalb des Bodenniveaus mit Kies auf. Das Vlies wird oben über dem Kies übereinander gefaltet. So kann keine Erde in die Kiesschicht eingewaschen werden und sie verstopfen.
- Zum Schluss bedecken Sie die Sickermulde mit Erde, auf der Sie auch Grassoden auslegen oder Rasen ansäen können. Für Fertigteiche bietet der Fachhandel als Überlaufsystem spezielle Rinnen, die einfach an den Rand des Beckens angesetzt werden.

> **Tipp**
>
> **REGENWASSER FILTERN**
>
> Wer Regenwasser für den Teich nutzen möchte, aber keinen Sumpfgraben anlegen will, findet im Fachhandel verschiedene Fallrohrfilter. Diese werden direkt in die Fallrohre des Dachablaufs eingebaut. Spezielle Siebelemente filtern Schmutz, Ruß und Staub aus dem Regenwasser und leiten es über einen Ausfluss in die Leitung zum Teich.

Das geeignete Substrat für den Teich

Das Substrat für den Teich muss mager sein. Wo zu viel Nährstoffe vorhanden sind, kommt es rasch zur Algenblüte. Mit Substrat bedeckt werden außerdem nur die Stellen, die später auch bepflanzt werden.

Teichpflanzen setzt man entweder direkt ins Substrat oder in Pflanzkörbe oder -taschen (→ Seite 86/87). Das Substrat sollte möglichst mager sein. Das liegt daran, dass die meisten Wasserpflanzen ihre Nährstoffe nicht aus dem Bodengrund, sondern hauptsächlich aus dem Wasser aufnehmen. Gartenerde, Mutterboden, Humus, Kompost oder Dünger sind alle für den Gartenteich ungeeignet, weil sie viel zu viele Nährstoffe enthalten. Ein zu nährstoffreiches Substrat begünstigt nur den Algenwuchs.

Substrattypen

Neben dem möglichst geringen Nährstoffgehalt bestimmt auch die Struktur des Substrats seine Qualität. Enthält es zu viele leichte Bestandteile, wird es sofort vom Teichwasser aufgeschwemmt. Gutes Substrat muss deshalb immer auch etwas Lehm enthalten, damit es die nötige Schwere hat. Folgende Substrate haben sich für Gartenteiche bewährt:
- **Lehm/Sand:** Eine Mischung aus Lehm und Sand im Verhältnis 1:3. Ein solches Substrat eignet sich für die meisten Gartenteiche und die darin wachsenden Wasserpflanzen. Lehm enthält jedoch viele Nährstoffe, die sich im Wasser lösen und mit der Zeit zu einer Überdüngung führen können. Damit die Nährstoffe nicht zu schnell ins Wasser abgegeben werden, können Sie diese Mischung mit einer dicken Schicht aus grobem Sand und zusätzlich mit Kieselsteinen abdecken.
- **Teicherde:** Im Fachhandel werden Spezialmischungen aus Ton und Quarzsand als Teicherde angeboten. Ihr Nährstoffgehalt und pH-Wert ist in erster Linie auf die Bedürfnisse von Seerosen und anderen anspruchsvollen Teichpflanzen abgestimmt. Für die übrigen Wasserpflanzen sind sie zu nährstoffreich. Da solche Teicherden außerdem nicht ganz billig sind, verwendet man sie am besten nur, um Pflanzkörbe oder -taschen zu befüllen (→ Seiten 84–87), nicht aber als Substrat für die gesamten Pflanzflächen in den Flachwasserbereichen.
- Ein **Kies-Sand-Gemisch** mit der Korngröße 0/2 mm hat sich am besten als Substrat für naturnahe Gartenteiche bewährt. In diese Gartenteiche sollte niemals Erde, auch keine Teicherde aus Gartencentern eingebracht werden, denn sie ist viel zu nährstoffreich.
- Der **Teichaushub** eignet sich in der Regel nicht als Substrat. Selbst die unterste Schicht ist in der Regel noch zu nährstoffreich. Ein weiterer Nachteil sind die meist darin vorhandenen spitzen Steinchen. Sie können diese unterste Schicht deshalb nur verwenden, wenn sie aus reinem Sand besteht und Sie diese Erde zuerst auf einer Plane ausbreiten, trocknen und anschließend mit einem grobmaschigen Erdsieb von Steinen

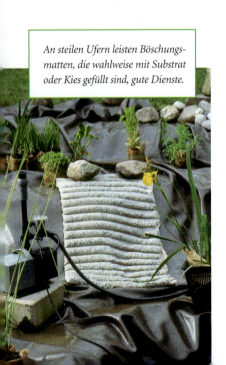

An steilen Ufern leisten Böschungsmatten, die wahlweise mit Substrat oder Kies gefüllt sind, gute Dienste.

> Ein Wassergarten entsteht

Teichsubstrat darf nur wenig Nährstoffe enthalten: Geeignet ist eine Mischung aus Lehm und Sand im Verhältnis 1:3.

befreien. Erst dann können Sie den Aushub mit Lehm mischen und als Teichsubstrat nutzen.

Substrat einfüllen

Möchten Sie die Pflanzen direkt ins Substrat setzen, reicht es aus, wenn Sie das Substrat nur an den Stellen der Sumpf- und Flachwasserzonen ausbringen, die auch bepflanzt werden sollen. So gelangen nicht so viele Nährstoffe in den Teich. Das Substrat wird hier 5 cm dick eingefüllt und mit 2–3 cm Kies bedeckt, damit es nicht an die Oberfläche treibt. Alternativ können Sie die Pflanzen auch in Körbe oder Taschen setzen. Die Tiefenzone wird ausschließlich mit Körben bestückt. Auf der übrigen Fläche kann die Folie frei bleiben, da sie unterhalb von 15 cm Wassertiefe vor UV-Strahlen geschützt ist.
Oft stört es aber, dass die Teichfolie im klaren Wasser zu sehen ist. Um das zu vermeiden, verteilt man eine Mischung aus einem Drittel Kies und zwei Dritteln anderer Steine unterschiedlicher Größe auf der noch freien Fläche. Man kann auch größere Findlinge zur Dekoration auf den Grund legen, damit das Wasser heller erscheint.
Im Lauf der Zeit entsteht in der Tiefenzone außerdem durch abgestorbene und herabsinkende Pflanzenteile von allein eine Bodenschicht. Dies ist zwar unerwünscht, lässt sich aber nicht vermeiden. Im Übrigen werden in den tiefen Wasserzonen nur Seerosen gepflanzt, die man wegen ihrer wuchernden Rhizome sowieso am besten in spezielle Pflanzkörbe setzt (→ Seite 84/85). An steilen Stellen finden weder das Substrat noch die Pflanzen Halt.

Der richtige Zeitpunkt

In flachen Zonen füllt man Kies und Steine am besten dann ein, wenn sich in der Tiefenzone noch die erste Wasserfüllung befindet. Beim Bau von Folienteichen sorgt die Wasserfüllung dafür, dass die Folie fest in die Teichmulde hineingedrückt wird, beim Bau von Fertigteichen verhindert das Wasser mit seinem Gewicht, dass das Becken nicht aufschwimmt.
Die Lehm-Sand-Mischung für die Pflanzzonen verteilen Sie zunächst in der Sumpfzone. Achten Sie bei all diesen Arbeiten unbedingt darauf, dass Sie die Teichfolie nicht durch spitze Werkzeuge oder spitzkantige Steine aufreißen. Anschließend befüllen Sie die Flachwasserzone mit Substrat.
Wollen Sie die Tiefwasserzone, damit die Folie nicht sichtbar ist, mit größeren Steinen bedecken, müssen Sie zuerst das Wasser mit einer Gartenpumpe herauspumpen.

> **Tipp**
>
> **SEEROSEN LIEBEN REICHHALTIGES SUBSTRAT**
>
> Seerosen pflanzt man in Körbe und stellt sie in der Tiefwasserzone direkt auf die Folie. So kann man diesen anspruchsvollen Pflanzen eine Extraportion Nährstoffe zukommen lassen, ohne den gesamten Teich damit zu überfrachten. Als Substrat eignet sich eine Mischung aus Teicherde und Hornspänen als Dünger (10 g auf 10 l Substrat). Substrat in den Körben mit Feinkies abdecken!

51

Gartenpraxis

> PRAXIS

Der Bachlauf:
Wasser in Bewegung

Die Krönung des Wassergartens ist ein Bachlauf.
Er sorgt nicht nur für beruhigendes Plätschern,
sondern reichert das Wasser im Teich auch mit
wertvollem Sauerstoff an.

Bei einem künstlich angelegten Bachlauf handelt es sich
stets um einen geschlossenen
Wasserkreislauf. Dabei wird
das Teichwasser mit Hilfe einer
Pumpe über einen unterirdisch
verlegten Schlauch zur »Quelle« geleitet. Von dort fließt das
Wasser durch das Bachbett
wieder in den Teich zurück.
Sie können einen Bach gleich
beim Bau des Teichs anlegen,
aber auch jederzeit noch später
an den Teich »ansetzen«.

*Eine am Teichgrund aufgestellte Pumpe
befördert das Wasser hoch zur Quelle.*

Als Materialien sind dieselben
zu empfehlen wie beim Teichbau:

- Für einen Bach aus Folie eignen sich dieselben Folien mit
einer Stärke von 1–1,5 mm, die
auch beim Teichbau verwendet
werden (→ Seite 12/13). Günstig sind Folienbreiten um 1,5 m.
Damit bleibt am Rand noch
genügend Überstand, um die
Kapillarsperre zu errichten
(→ Seite 46/47). Erhältlich ist
Folie bei dieser Breite bis zu
einer Länge von etwa 25 m am
Stück. Am besten nehmen Sie
die gleiche Folie wie in Ihrem
Gartenteich.
- Einfacher ist der Bachbau mit
vorgefertigten Bachlaufschalen.
Außerdem werden auch Bogen-
teile, Höhenausgleichsteile
sowie Zwischenstücke für Staustufen, die die Gestaltung er-
leichtern, angeboten. Zu empfehlen sind sie vor allem für
kleine Bäche von 2–3 m Länge.
Damit die etwas künstlich wir-
kenden Schalen nicht zu sehen
sind, sollten Sie das Ufer des
Bachs reich bepflanzen.
- Sie können Folienbach und
Bachschalen auch verbinden,
indem Sie z. B. den Folienbach
mit vorgefertigten Staustufen-
Schalen kombinieren.

Ein Bach nach Maß

Bäche brauchen ein Gefälle.
Wenn Sie den Bachlauf zeit-
gleich mit dem Gartenteich
anlegen, können Sie den Aus-
hub nutzen, um den nötigen
Hang aufzuschütten und das
Bachbett für den Folien- oder
Fertigschalen-Bach zu model-

> Ein Wassergarten entsteht

Ein Bachlauf bringt Bewegung ins Wasser und reichert es dadurch mit wertvollem Sauerstoff an.

lieren. Schütten Sie solange jeweils 10 cm Erde auf, bis der Hang die gewünschte Höhe hat. Verdichten Sie dabei jede einzelne Schicht, damit das Bachbett später nicht absackt. Das Gefälle für den Bach sollte 5–20 % betragen, also 5–20 cm Höhenunterschied pro Meter.

Staustufen einplanen

Auch wenn das Gefälle nur schwach (5 %) ist, sollten Sie Staustufen einplanen. Das sieht nicht nur schön aus, sondern verhindert, dass später Kies und Steine weggeschwemmt werden. An den Staustufen sammelt sich das Wasser auf einer größeren Fläche und plätschert dann über einen kleinen Wall weiter abwärts. Die flachen, wassergefüllten Mulden sind zudem bei Vögeln als Tränke sehr beliebt. Zusätzlich sorgen Staustufen dafür, dass der Bach, wenn Sie die Pumpe einmal abschalten müssen, nicht sofort austrock-

net. So nehmen Wasserpflanzen und kleine Lebewesen im Bach weniger Schaden.

Die richtige Breite und Tiefe

Je breiter das Bachbett, umso langsamer fließt das Wasser, an jeder Verengung strömt das Wasser sofort schneller. Günstig sind Bachbetten um 50 cm Breite. Legen Sie den Bach je nach Länge mal etwas schmäler, mal etwas breiter an – das wirkt natürlicher. Die Wassertiefe sollte mindestens 10 cm, aber höchstens 50 cm betragen. Auch hier können Sie mit unterschiedlichen Wassertiefen für Abwechslung sorgen.

Bachbau Schritt für Schritt

Ein Bachlauf mit Folie wird im Prinzip genauso angelegt wie ein Folienteich.
- Nachdem Sie den Hang für das nötige Gefälle aufgeschüttet haben, heben Sie das 20–50 cm tiefe Bachbett aus. Beginnen Sie damit an der Mündung

des Bachs in den Teich; so erreichen Sie ein gleichmäßiges Gefälle. Der Bach kann ganz sanft in den Teich münden oder über eine Staustufe plätschern.
- Modellieren Sie nun das Bachbett und legen Sie einige Verengungen, Vertiefungen und Staustufen an, so dass der Bach möglichst natürlich wirkt (→ Seite 55, Abb. 1–3).
- Entfernen Sie sorgfältig Steine und Wurzeln aus dem Bachbett. Anschließend wird der Untergrund mit einem Handstampfer verdichtet.
- Nun heben Sie an beiden Bachufern für die Kapillarsperre einen dachrinnenartigen Graben aus (→ Seite 46/47).
- Dann wird eine ca. 10 cm dicke Sandschicht aufgebracht; auch sie wird festgestampft. Darüber kommt ein Kunststoffvlies – Sand und Vlies dienen dem Schutz der Folie.
- Legen Sie die Folie in einem Stück möglichst faltenfrei ins Bachbett. Die Ränder von Vlies und Folie sollten den dachrinnenartigen Graben am Ufer auskleiden.

Checkliste

SO GELINGT DER BAU EINES BACHS

✔ Das Gefälle für einen Bach sollte 5–20 % betragen.

✔ Mit Staustufen können Sie Höhenunterschiede überbrücken. Sie verhindern gleichzeitig, dass das Substrat weggeschwemmt wird.

✔ Legen Sie den Bach mal schmäler, mal breiter an und schaffen Sie unterschiedliche Wassertiefen. Beides lässt den Bach natürlicher wirken.

✔ Beginnen Sie mit dem Bau des Bachs an der Mündung.

Gartenpraxis

- Lassen Sie das Wasser, bevor Sie Kies und Steine einfüllen, zur Probe fließen. Jetzt können Sie noch kleinere Korrekturen am Bachbett vornehmen.

Ein Bach aus Fertigschalen

- Wenn Sie Fertigschalen verwenden, modellieren Sie das Bachbett entsprechend der Form der Schalen sorgfältig

Mit Fertigschalen lassen sich abwechslungsreiche Bachläufe gestalten.

vor und verdichten anschließend den Untergrund gründlich mit dem Stampfer.
- Dann füllen Sie eine ca. 10 cm dicke Sandschicht ein, die ebenfalls verdichtet wird.
- Nun setzen Sie die Schalen passgenau in die vorgeformten Mulden. Wichtig ist, dass die obere Schale jeweils etwas über die darunter liegende Schale hinausragt. Für einen Bachlauf von 1,5 m Länge brauchen Sie

deshalb also ca. sechs Teichschalen von 30 cm Länge. Mit jeder Bachschale lässt sich ein Höhenunterschied von etwa 20–30 cm überbrücken.
- Sehen Sie noch Lücken zwischen Schale und Untergrund, schlämmen Sie diese wie beim Bau eines Fertigteichs ein (→ Seiten 36–39).

Pumpe und Zuleitung

Über einen neben dem Bach vergrabenen oder versteckten, knicksicheren Spiralschlauch wird das Teichwasser von einer Pumpe zur Quelle transportiert. Geeignet sind dafür verschiedene Arten von Pumpen:
- Sie können eine Pumpe wählen, die am Teichrand aufgestellt wird. Über einen Ansaugschlauch wird das Wasser in die Pumpe befördert und von dort über einen Spiralschlauch zur Quelle (→ Seite 71/72).
- Andere Pumpen stellt man an den tiefsten Punkt des Teichbetts auf einen Steinsockel, damit sie nicht verschlammen.
- Verwenden Sie zur Wasserreinigung einen Filter, ist dieser meist mit einer Pumpe kombiniert, die als Antrieb für den Bachlauf genutzt werden kann.

Ein solches Gerät wird ebenfalls an die tiefste Stelle im Teich gesetzt (→ Seite 70/71). Je länger, breiter und steiler der Bach, desto stärker muss die Pumpe sein. Lassen Sie sich beim Kauf der Pumpe unbedingt im Fachhandel beraten. Wichtig zur Berechnung der Pumpenstärke ist die Bachbreite. Als Faustregel gilt: Pro Zentimeter Bachbreite muss eine Pumpe 1,5 l Wasser pro Minute vom Standort der Pumpe auf die Höhe der Quelle pumpen können. Nur dann ist der Bach immer gut mit Wasser gefüllt. Bei einem 50 cm breiten Bach braucht man eine Pumpe mit einer Leistung von 75 l pro Minute. Wählen Sie besser eine etwas stärkere Pumpe, weil deren Leistung leicht gedrosselt, die einer schwächeren aber nicht erhöht werden kann.
- Von der Pumpe ausgehend wird der Schlauch über den Teichrand gelegt und dort mit Steinen verdeckt. Anschließend verlegt man ihn zur Quelle. Dabei kann man ihn entweder 40 cm tief im Boden eingraben oder am Bachufer zwischen Pflanzen und Steinen versteckt oberirdisch verlegen.

Tipp: DER BACH ALS BIOFILTER

Ein Bach kann auch ein natürlicher Filter für das Teichwasser sein. Dazu darf er jedoch nur minimal fließen, muss über eine 10–20 cm dicke Kiesschicht verfügen und eine Mindestlänge von 1,5 m pro m^3 Teichwasser haben. Dann können sich Abfallstoffe von Pflanzen und Tieren absetzen und von den Bakterien in der Kiesschicht abgebaut werden.

> Ein Wassergarten entsteht

1 Bach und Staustufen anlegen
Formen Sie das Bachbett aus und legen Sie die Staustufen an. Damit diese nicht absacken, werden sie mit Querlatten, die zusätzlich mit Kanthölzern gesichert sind, abgestützt. Danach wird das Bachbett mit Sand und Vlies unterfüttert.

2 Ein Probelauf für den Bach
Anschließend legen Sie die Folie ein und ziehen Sie über die Staustufen. Die Folie sollte an den Rändern 10–15 cm überstehen. Lassen Sie den Bach nun »Probe fließen«. Dazu platzieren Sie größere Steine schon im Bachbett.

3 Das Kiesbett einbringen
Noch können kleinere Korrekturen am Bachbett leicht vorgenommen werden. Zum Schluss wird die Folie mit einer 5–20 cm dicken Kiesschicht bedeckt, damit sie vor UV-Strahlung geschützt und nicht zu sehen ist.

Die Quelle

Als Quelle wirken mehrere übereinander geschichtete Steine sehr schön, zwischen denen sich das Schlauchende gut verstecken lässt. So scheint das Wasser ganz natürlich zwischen den Steinen hervorzusprudeln. Natürlich kann das Wasser auch aus einem Quellstein entspringen. Diese im Fachhandel erhältlichen Steine besitzen eine Bohrung, durch die man den Schlauch von unten einfädelt.

Steine und Kies einbringen

Bei einem Folienbach wird die Folie, damit sie vor UV-Strahlung und vor mechanischen Schädigungen geschützt ist, vollständig mit Steinen und Kies bedeckt. Sand oder Lehm werden in einen Bach nicht als Substrat verwendet, sie würden nur fortgespült.
Setzen Sie zunächst die größeren Steine ins Bachbett, sie leiten das Wasser. Dann folgen Kieselsteine und zuletzt eine 5–20 cm dicke Kiesschicht. Auch um die Staustufen werden größere Steine angeordnet. Halten sie nicht, befestigen Sie sie mit Mörtel auf der Folie.

Die Bepflanzung

Viele Wasserpflanzen mögen kein bewegtes Wasser. Zur Bepflanzung des Bachbetts eignen sich daher nur ruhige Bereiche zwischen größeren Steinen am Rand. Hier gedeihen Pflanzen wie Pfennigkraut und Sumpf-Dotterblume (→ Seite 110/111), die man am besten in Pflanzkörbe oder -taschen setzt, damit ihre Wurzeln nicht freigespült werden. In erster Linie wird ein Bach aber am äußeren Rand bepflanzt, also außerhalb der Folie bzw. der Bachlaufschalen. Uferpflanzen wie z. B. Farne und Frauenmantel müssen zwar trocken stehen, profitieren aber vom feuchten Mikroklima am Bach.

Der Bach im Winter

Den Bach sollten Sie noch vor den ersten Frösten stilllegen. Entleeren Sie dazu den zur Quelle führenden Schlauch. Steht die Pumpe im frostfreien Bereich von 80 cm Wassertiefe, kann sie den Winter über im Teich bleiben, sonst muss man sie herausnehmen und frostfrei lagern. Je nach Witterung können Sie den Bach dann ab März wieder in Betrieb nehmen.

2 | Gartenpraxis

Wege rund um den Gartenteich

Wege gliedern nicht nur den Garten, sie prägen seinen Charakter entscheidend mit. Passen Material und Form auch zum Teichrand, verstärken sie die Wirkung des Wassergartens zusätzlich.

Für die Form des Wegs gilt folgendes Gestaltungssprinzip: Je näher ein Weg am Haus ist, desto strenger und gerader darf er sein, je weiter entfernt, desto natürlicher. Da die meisten Gartenteiche ebenfalls eine geschwungene Form haben, passen Wege mit sanften Schwingungen oftmals besser zum Wassergarten und wirken harmonischer als geradlinige Wege. Dort, wo Sie jedoch ausgeprägte Kurven anlegen möchten, sollten diese auch tatsächlich einen Gegenstand umrunden: Dies kann z. B. ein großer Findling oder auch eine Skulptur sein.

Wege richtig verlegt

Damit ein Weg stabil ist, braucht er einen guten Unterbau. Dieser besteht aus zwei Schichten plus Belag:
- Heben Sie zunächst ein Bett von 20–35 cm Tiefe aus – je nach Dicke des Pflasterbelags.
- Füllen Sie nun eine 15–20 cm dicke Kiestragschicht der Körnung 0/32 mm oder ein Sand-Splitt-Schottergemisch in das ausgehobene Bett ein und verdichten diese mit dem Stampfer. Sie sorgt dafür, dass sich unter dem Belag kein Wasser ansammelt und es im Winter nicht zu Frostschäden kommt.

- Anschließend tragen Sie eine 3–5 cm dicke Schicht Sand oder Splitt (Körnung 0/5 mm) auf.
- Zum Schluß verlegen Sie das gewünschte Pflaster. Größere Platten können auch auf Mörtel verlegt werden. Schlämmen Sie die Fugen mit demselben Material ein. Danach halten Sie den Belag etwa acht Tage, zugedeckt mit Sand oder Matten, feucht. In Sand oder Splitt verlegte Beläge werden mit Sand verfugt und sind sofort begehbar. Für einen Kiesweg füllen Sie die Kieselsteine direkt auf die Kiestragschicht.
- Soll ein Plattenweg direkt an den Gartenteich heranführen, sollten die Platten, die über den Teichrand hinausragen, in Mörtel verlegt werden, damit sie stabil liegen. Je kleiner die Platten sind, umso eher verrutschen sie. Beim Verlegen von Platten am Teichrand ist besonders darauf zu achten, dass die Kapillarsperre nicht verletzt wird. Die Platte, die an den Teich angrenzt, sollte auf einen Leistenstein verlegt werden (→ Seite 47, Abb. 2). Sie darf diesen maximal um ein Drittel ihrer Länge überragen.

Verschiedene Beläge

Für den Belag eines Wegs zum Gartenteich eignen sich verschiedene Materialien.
- **Natursteine** wirken sehr natürlich, gleichzeitig sind sie aber auch am teuersten. Dafür sind sie allerdings unbegrenzt haltbar. Am häufigsten finden Granit, Sandstein und Porphyr

---

Tipp

TRITTSTEINE VERLEGEN

- Trittsteine sollten etwa 10 cm aus dem Wasser ragen. Ihre Oberfläche muss eben und rutschfest sein.
- Achten Sie darauf, dass die Steine groß genug sind, um darauf sicher stehen zu können.
- Legen Sie zuerst den Platz für den ersten und letzten Stein fest, dann die für die übrigen Steine. Bequem zum Gehen ist ein Abstand von 60–70 cm.
- Damit die Folie nicht beschädigt wird, legt man die Steine in ein Sandbett oder auf kiesgefüllte Säcke.

› Ein Wassergarten entsteht

1 Mit Pflaster eingefasst
Pflasterbeläge oder Platten rund um den Teich machen das Gewässer von allen Seiten begehbar und pflegeleicht; Gras und andere Pflanzen können so nicht ins Wasser wachsen.

2 Trittsteine im Wasser
Ein Weg durch's Wasser auf einzeln verlegten Trittsteinen ist ein attraktiver Blickfang und erleichtert Pflegemaßnahmen im Teich. Selbst uferferne Zonen können von hier aus erreicht werden.

3 Teichrand mit Kiesweg
Mit Kieselsteinen sind geschwungene Verläufe am Teichrand leicht zu realisieren. Fassen Sie den Weg ein, damit die Kieselsteinchen nicht in Blumenbeete oder auf den Rasen gelangen.

Verwendung. Wählen Sie am besten den in Ihrer Region vorkommenden Naturstein, er ist meistens etwas preiswerter. Finden Natursteine im Uferrandbereich Verwendung, ist unbedingt auf eine möglichst raue, ungeschliffene Oberfläche zu achten, damit ein Spaziergang nicht zur Rutschpartie wird.

- **Betonsteine**: Aus Beton gefertigte Steine werden in verschiedenen Farben und Formen angeboten, häufig sehen sie Natursteinen täuschend ähnlich, sind aber deutlich preisgünstiger. Allerdings kann bei Billigsteinen, die nicht ganz durchgefärbt sind, nach einigen Jahren die Farbe verblassen. Lassen Sie sich daher von Markenherstellern die Farbechtheit der Steine garantieren!

Speziell für die Teichrandgestaltung gibt es verschieden geformte Betonsteine, mit denen Sie auch Rundungen spielend meistern.

- **Klinker** und **Ziegel**: Klinkersteine und hartgebrannte Ziegel aus Ton eignen sich ebenfalls gut zum Wegebau. Gegenüber gefärbten Betonsteinen haben sie den Vorzug, dass ihre Farbe echt ist, also im Laufe der Jahre nicht verblasst. Günstig zum Begehen ist ihre meist etwas raue Oberfläche. Klinker und Ziegel sollten wegen ihrer geringen Breite zweireihig verlegt werden, was schöne Verlegemuster ermöglicht.

- **Kies**: Kieswege sind leicht anzulegen und zudem preiswert. Ihr Vorteil gegenüber Platten- oder Pflasterwegen: Selbst geschwungene Formen lassen sich leicht verwirklichen. Wichtig ist eine Einfassung, z. B. aus Ziegelsteinen, damit der Kies nicht auf den Rasen gelangt.

- **Rindenmulch**: Wegbeläge aus kleingehäckselten Ästen und Holz sind am preiswertesten und zudem noch leicht selbst anzulegen, weil sie keinen Unterbau benötigen. In vielen Gemeinden kann nach Häckselaktionen das Schnittgut sogar umsonst an zentralen Sammelstellen abgeholt werden. Rindenmulch wird in einer 10 cm dicken Schicht aufgebracht und sollte alle paar Jahre neu aufgefüllt werden. Wie beim Kiesweg kann eine Einfassung sinnvoll sein. Nicht zu empfehlen ist dieser Belag für schattige Plätze im Garten, da er hier mit der Zeit vernässen und verfaulen kann.

57

2 Gartenpraxis

Stege, Brücken und Holzdecks

Stege und Brücken machen es möglich, den Teich aus einer anderen Perspektive zu sehen. Holzdecks bieten Raum für Ruheplätze und laden ein, die Welt im Teich zu beobachten.

Holzdecks, Stege und Brücken eröffnen neue Aspekte: Während ein Weg am Ufer endet, reichen sie über die Sumpfzone hinaus. Sie bieten eine gute Möglichkeit, Wasserpflanzen zu pflegen oder zurückzuschneiden. Auch um Fische zu füttern sind diese Plätze ideal.

Attraktive Stege

Holzstege sind nichts anderes als die Verlängerung eines Weges – mitten auf die Wasserfläche hinaus. So befinden Sie sich hier trockenen Fußes zwischen Schwertlilien, Wasserläufern und Libellen. Ein Holzsteg ist nicht schwer zu bauen und muss auch nicht viel kosten. Bewährt haben sich Stege mit einer Breite von 60–80 cm. Bei der Konstruktion sollten Sie darauf achten, dass die Auflagepunkte sowohl an Land als auch im Wasser stabil errichtet sind. Am besten verwenden Sie im Handel erhältliche Fertigbausätze, die auch für Laien einfach aufzubauen sind.

- An Land werden die Pfosten des Stegs in so genannte U-Pfostenträger montiert. Auch sie sind im Handel erhältlich, bestehen aus Stahl und werden in den Boden eingegraben.
- Im Wasser dient eine Betonplatte von ca. 50 cm^2 als Auflagepunkt für die Stützpfeiler. Die Pfeiler müssen an der Betonplatte befestigt werden, z. B. mit Winkeln. Man kann sie auch in einem mit Beton gefüllten Mörteleimer verankern, der auf dem Teichgrund steht.
- In jedem Fall sollten Sie zwischen Betonplatte bzw. Mörtelkübel und Teichfolie dicke Schichten Vlies- und Folienreste legen, damit die Teichfolie nicht verletzt wird. Der Boden im Teich sollte an dieser Stelle eben sein, damit Platte und Pfeiler nicht wegrutschen.

Holzdecks

Anders als ein Steg liegt ein Holzdeck meist komplett an Land, es kann direkt an das Teichufer grenzen oder durch einen angebauten Steg erweitert werden. Wichtig ist eine stabile Unterkonstruktion für das Holzdeck:

Stege und Holzdecks werden rasch zu Lieblingsplätzen: Sie bieten direkten Zugang zum Wasser.

> Ein Wassergarten entsteht

Brücken wirken am schönsten an Stellen, an denen sich der Teich verschlankt.

- Empfehlenswert sind so genannte **Punktfundamente** (20 x 20 cm) aus Beton. Sie werden im Abstand von einem Meter in den Boden eingegraben.
- Darauf befestigen Sie eine **Unterkonstruktion** aus 10 x 10 cm starken Kanthölzern. Im Handel gibt es auch vorgefertigte Konstruktionen aus Aluminium.
- Auf diese Unterkonstruktion werden **dicke Bretter** oder **Holzfliesen** geschraubt. Montieren Sie das Deck so, dass zwischen Holz und Erdreich die Luft frei zirkulieren kann, sonst verrottet das Holz zu schnell. Achten Sie darauf, dass zwischen den einzelnen Brettern je ein 1 cm breiter Spalt bleibt, damit Regenwasser ablaufen kann.

Brücken

Während man Stege und Holzdecks meist auch noch später an einen Teich anbauen kann, sollten Sie Brücken schon bei der Planung berücksichtigen. Am besten passen sie an Stellen, an denen der Teich relativ schmal ist oder an denen ein Bach in den Teich mündet. Die stützenfrei zu überspannende Distanz liegt für hölzerne Gartenbrücken bei 2,4 m, längere Brücken brauchen – wie ein Steg – zusätzliche Stützpfeiler im Wasser. Wichtig ist, dass die Brücke an beiden Enden auf stabilen Fundamenten aufliegt. Wie beim Steg müssen zwischen den Holzplanken 1 cm breite Spalten sein, damit die Brücke trittsicher ist und bei Regen nicht rutschig wird.
Eine Brücke ist nicht ohne weiteres selbst zu bauen, genaue Berechnungen zur Statik sind unerlässlich. Der Fachhandel bietet eine Vielzahl von Fertigbrücken in unterschiedlichstem Material und Design an. Kleinere Holzbrücken können Sie mit etwas handwerklichem Geschick selbst montieren, bei größeren sollten Sie die Hilfe eines Fachmanns holen.

Das richtige Holz

Für Brücken, Stege und Decks eignen sich langlebige und witterungsfeste Holzarten. Wollen Sie Holz verschrauben, sind rostfreie Edelstahl-Schrauben empfehlenswert, sonst gibt es im Laufe der Zeit hässliche Rostflecken auf dem Holz.
- **Lärche:** Das heimische Nadelholz ist zunächst orangerötlich gefärbt und wird durch Verwitterung silbergrau. Es ist recht preiswert und hält oft länger als 10–12 Jahre.
- **Rotzeder:** Ein amerikanisches Nadelholz mit rötlichem Farbton, das recht teuer ist. Haltbarkeit: 15–20 Jahre.
- **Eiche:** Ein heimisches, bräunlich gefärbtes und relativ teures Laubholz. Haltbarkeit: ohne Behandlung 15–20 Jahre.
- **Tropische Hölzer:** Sie sind rötlich braun bis dunkelbraun gefärbt und teuer. Zwar sind sie so hart, dass sie schwer zu bearbeiten sind, dafür halten sie 30 Jahre und länger. Achten Sie beim Kauf auf die Zertifikate, die garantieren, dass das Holz aus Plantagen-Anbau stammt.

Checkliste

HALTBARE STEGE, BRÜCKEN UND DECKS

✔ Wählen Sie unbedingt lange haltbares Holz: Der höhere Preis zahlt sich aus.

✔ Das Holz muss Feuchtigkeit vertragen; es darf sich nicht verziehen, verrotten oder rutschig werden.

✔ Gutes Holz verträgt Wind und Wetter, ohne dass ein schützender Anstrich oder eine Imprägnierung notwendig ist. Nehmen Sie auch kein kesselimprägniertes Holz: Schon geringste Mengen Imprägniermittel beeinträchtigen die Tiere und Pflanzen im Teich.

2 Gartenpraxis

Dekoration am Teich

Wasserspiele und Lichteffekte bringen Spannung in den Wassergarten. Ob romantisch oder modern: Bei dem großen Angebot an Sprudelsteinen, Wasserspielen und Laternen ist für jeden etwas dabei.

Quellsteine, Wasserspiele oder Strahler sind lebendige Elemente im und am Gartenteich. Setzen Sie sie aber mit Bedacht ein. So passen zu kleinen Teichen etwa sanft plätschernde Wasserspiele besser als große Fontänen.

Wasserspiele und Co.

Wenn Sie sich für einen Springbrunnen oder Sprudelstein entscheiden, sollten Sie nicht vergessen, dass solche Geräte eine Pumpe (→ Seite 71/72) besitzen und deshalb Strom verbrauchen: Die zusätzlichen Kosten können Sie mithilfe der auf dem Gerät angegebenen Wattzahl und dem Strompreis Ihres Energieversorgers ausrechnen. Außerdem brauchen Sie ab und zu etwas Zeit, um die Geräte zu warten und zu reinigen. Wasser verbrauchen solche Wasserspiele und -speier nicht, denn mit der Pumpe wird über einen Schlauch Teichwasser in das Wasserspiel befördert und fließt von dort wieder in den Teich zurück.

Wichtig ist auch eine richtige Platzierung: Setzen Sie diese Accessoires am besten einzeln an einer gut sichtbaren Stelle in Szene. Kritisch ist die Kombination von Wasserspeiern und -spielen mit Seerosen und vielen anderen Wasserpflanzen: Diese mögen kein Spritzwasser und schließen dann einfach ihre Blüten. Installieren Sie in einem solchen Fall Wasserspiele möglichst nah am Ufer und weit von den Pflanzen entfernt. Ist das nicht möglich, beispielsweise bei Fontänen mit weit ausladendem Wasserstrahl, können Sie in einem großen Teich zwei Tiefwasserzonen schaffen: eine für das Wasserspiel und eine für Schwimmblattpflanzen.

Es gibt zahlreiche Möglichkeiten, diese Deko-Elemente im Gartenteich einzusetzen.

- **Wasserspeier:** Ob spuckender Wassermann oder Frosch – wasserspeiende Figuren gibt es in vielen Formen und Materialien. Soweit sie nicht mit einer fertigen Halterung geliefert werden, befestigen Sie diese Figuren mit Magerbeton auf einem im Teich oder am Ufer stehenden Steinsockel.
- **Sprudel-** oder **Quellsteine:** Auch bei ihnen wird das Wasser von einer Pumpe über einen Schlauch in die Bohrung des Steins geleitet und plätschert sanft aus ihnen heraus. Das kann ein alter Mühlstein sein oder eine kunstvolle Steinskulptur. Besonders natürlich wirken Findlinge mit einfachen Bohrungen. Sprudel- oder

Tipp

WASSER UND STROM

Wasser und Strom sind eine äußerst gefährliche Kombination. Verwenden Sie bitte nur zugelassenes Zubehör und Anschlüsse und beachten Sie die Anweisungen des Herstellers sorgfältig. Elektrische Geräte müssen mit den Prüfzeichen von VDE, TÜV oder mit dem GS-Zeichen versehen sein. Überlassen Sie die Installation unbedingt einem Fachmann.

> Ein Wassergarten entsteht

Quellsteine können im Teich oder auch am Ufer in einem Kiesbett oder einer Steinschale aufgestellt werden.

- **Wasserspiele**: Für Wasserspiele gibt es verschiedene Düsenaufsätze. Diese erzeugen Fontänen, Glocken oder sprudelnden Schaum. Wasserspiele sollten Sie im Teich immer doppelt so weit vom Ufer entfernt installieren, wie sie hoch spritzen. So fällt das Wasser sicher wieder in den Teich zurück und versickert nicht in der Erde am Ufer.

Für ein Wasserspiel sind ausschließlich spezielle Wasserspielpumpen geeignet: Sie sind für den Dauerbetrieb ausgelegt und haben einen niedrigen Stromverbrauch (→ Seite 72).

Licht am und im Wasser

Licht am nächtlichen Teich setzt nicht nur stimmungsvolle Akzente, sondern erfüllt auch praktische Zwecke: Besonders steile und unbefestigte Ufer werden damit im Dunkeln sichtbar gemacht. Ein größerer Teich kommt am besten zur Geltung, wenn mehrere Leuchten in unregelmäßigen Abständen am Ufer verteilt sind.

- **Blendfreie Gartenleuchten** erzeugen ein schönes, diffuses Licht am Gewässerrand.
- **Einzelne Strahler** leuchten Pflanzengruppen oder Skulpturen gezielt an.
- **Fluter** beleuchten den Teich flächig. Damit sie nicht blenden, müssen sie geschickt platziert werden. Am besten montieren Sie sie unter einen Steg

oder ein Holzdeck knapp über der Wasserfläche.

Für den Einsatz im Wasser gibt es spezielle Leuchten, die mit Niedervolt betrieben werden.

- **Wasserspiele** von unten zu beleuchten, ist ganz einfach möglich. Spezielle Strahler können hier an der Pumpe unter Wasser befestigt werden.
- **Schwimmleuchten** schwimmen auf der Wasseroberfläche.

In der Regel sind mehrere Beleuchtungskugeln untereinander mit einem Kabel verbunden. Mit einem Drahthaken lassen sich die Leuchten am Teichgrund fixieren.

- **Unterwasserstrahler** kommen nur bei glasklarem Wasser gut zur Geltung. Gute Fabrikate ermöglichen ein Nachrüsten mit Farbscheiben, so können Sie interessante Farbeffekte erzielen.

Mit Wasserspielen werden auch ruhige Ecken im Gartenteich zu lebendigen Blickfängen.

2 Gartenpraxis

Teiche am Hang und auf der Terrasse

Liegt Ihr Grundstück an einem Hang? Selbst dann können Sie einen Gartenteich anlegen. Und wenn Sie gar keinen geeigneten Platz finden, ist ein Aufsitzteich im Garten oder auf der Terrasse die Lösung.

Selbst bei einem Grundstück, auf dem sich auf den ersten Blick anscheinend kein Wassergarten verwirklichen lässt, müssen Sie auf einen Teich nicht verzichten: Richtig konstruiert, kann ein Teich auch am Hang angelegt werden. So genannte Aufsitzteiche passen sogar auf ein kleines Stück ebenen Boden oder auf die Terrasse. Und da der Wasserspiegel eines Aufsitzteichs etwa auf Bauchhöhe des Betrachters liegt, ermöglicht er sogar besonders bequeme Einblicke in die Pflanzen- und Tierwelt des Gartenteichs.

Der Aufsitzteich

Ein Aufsitzteich besteht meist aus einem Fertigbecken mit verschiedenen Tiefenzonen, das direkt auf dem Untergrund aufsitzt. Sie können aber auch alle anderen großen Gefäße wie Wannen verwenden.
Soll das Becken auf der Terrasse Platz finden, muss man unbedingt prüfen lassen, ob die Statik der Terrasse das zusätzliche Gewicht aushält. Auch für Gärten mit sehr felsigem Untergrund, in denen man nur mit hohem Aufwand eine Grube ausheben kann, ist der Aufsitzteich eine Alternative.

- Beim Aufstellen des Aufsitzteiches ist zu beachten, dass das Fertigbecken exakt waagerecht ausgerichtet ist. Dazu müssen Sie eventuell den Untergrund mit Sand oder Styroporplatten aus dem Baumarkt ausgleichen.
- Damit der Teich sicher steht, unterfüttern Sie alle Ebenen des Beckens mit Styroporplatten, die Sie entsprechend zurechtschneiden. Füllen Sie dazu das Becken etwa zu einem Drittel mit Wasser, damit es fest steht.
- Nun verkleidet man die Außenwände des Aufsitzteichs. Womit Sie Ihr Becken einfassen, ist eine Frage des Geschmacks. Wichtig ist, dass die Einfassung des Aufsitzteichs mit der Umgebung harmoniert. Am häufigsten wird Holz als Einfassung verwendet. Da es nur außen verlegt wird und keinen direkten Kontakt zum Wasser hat, kommen auch preiswertere kesseldruckimprägnierte Fichten- und Kiefernhölzer in Frage.

Die Kunst beim Aufsitzteich besteht in der attraktiven Verkleidung des Beckens.

> **Ein Wassergarten entsteht**

ursprünglicher Geländeverlauf

Weg **Dränage-rohr**

Teiche am Hang müssen im gewachsenen Boden liegen; aufge-schüttetes Erdreich ist nicht stabil genug.

• Schlagen Sie Kanthölzer, die so hoch sind wie das Becken, in die Erde um den Aufsitzteich und schrauben Sie an ihnen die Bretter für die Verkleidung fest.
• Eine Alternative zur Einfassung aus Holz ist eine Trocken-mauer (→ Praxisinfo).
• Ist die Verkleidung fertig, füllen Sie das Becken weiter bis zu zwei Dritteln mit Wasser auf.
• Wenn Sie einen breiten Spalt zwischen Becken und Verkleidung lassen und mit Lehm und sand (1:3) befüllen, können Sie ihn wie einen Teichrand bepflanzen. In das Becken selbst füllt man kein Substrat.
• Dann wird der Aufsitzteich bepflanzt. Setzen Sie die Pflanzen in Pflanzkörbe, die mit einem Sand-Lehm-Gemisch gefüllt sind. Verfahren Sie dabei wie bei der Bepflanzung eines Miniteichs (→ Seite 64/65).

Der Teich am Hang

Für einen Teich am Hang sind sowohl Fertigbecken als auch Folienteiche geeignet.

Wegen der besonderen Gegebenheiten am Hang müssen Sie jedoch Folgendes beachten:
• Der Teich muss stets im gewachsenen Boden liegen. Bauen Sie den Teich nie in aufgeschüttetes Erdreich. Auch wenn Sie es noch so gut verdichten, wird es das Gewicht des Teichs nicht aushalten und der Teich rutscht zu der hangabwärts geneigten Seite ab.

• Tragen Sie zunächst das Erdreich hangaufwärts ab und stabilisieren Sie den Hang oberhalb des geplanten Teichs durch eine Stützwand aus kesseldruckimprägnierten Hölzern oder durch eine Steinmauer. Wichtig ist, dass Sie die Stützwand fest in einem Betonfundament verankern, das tiefer in den Boden reicht als der Teichgrund.
• Damit kein nährstoffreiches Hangwasser in Ihren Teich gelangt, legen Sie am Fuße des Hangs einen Dränagegraben mit Anschluss an eine Sickergrube an (→ Seite 48/49).
• Nun legen Sie Schritt für Schritt den Teich an. Gehen Sie dabei entweder wie beim Fertigteich (→ Seiten 36–39) oder wie beim Folienteich (→ Seiten 40–45) beschrieben vor.
• Wenn Sie den Teichrand zugänglich machen möchten, sollten Sie ihn mit Leistensteinen befestigen (→ Seite 46/47).

Praxisinfo

AUFSITZTEICH MIT TROCKENMAUER-MANTEL

Alternativ zur Holzverkleidung können Sie einen Aufsitzteich auch dekorativ mit einer Trockenmauer ummanteln.
• Dazu schichten Sie Natursteine unterschiedlicher Größe zu einer Mauer auf. Damit sie stabil steht, darf sie einen Neigungswinkel von 60° nicht übersteigen.
• Sie können die Steine auch mit Magerbeton aufeinanderschichten.
• Steinfugen sollten in der nächsthöheren Schicht immer überbrückt werden.
• In die Zwischenräume pflanzen Sie anschließend mediterrane Küchenkräuter wie Rosmarin und Thymian oder auch typische Steingartenpflanzen wie Mauerpfeffer und Steinbrech.

2 Gartenpraxis

› PRAXIS

Teiche im Kleinstformat

Selbst auf einer Terrasse oder einem kleinen Balkon hat eine Wasserlandschaft im Miniformat Platz. Ob im Holzfass oder Keramiktopf: Ein Miniteich wird mit wenig Aufwand rasch zum Blickfang.

DAS BRAUCHEN SIE FÜR DEN MINITEICH

| J | F | M | A | M | J | J | A | S | O | N | D |

Zeitbedarf:
- 2–6 Stunden

Material:
- dichtes Gefäß aus Ton, Zink, Blech oder Holz
- Teichfolie bei nicht wasserdichten Gefäßen
- pro Pflanze ein Pflanzkorb
- Substrat (Mischung aus Lehm und Sand, 1:3)
- Kieselsteine
- Pflanzen

Werkzeug, Zubehör:
- Wasserwaage und Richtscheit zum Justieren
- Schere
- kleine Gartenschaufel
- Wasserschlauch oder Gießkanne zum Befüllen

Für einen Miniatur-Wassergarten eignet sich nahezu jedes Behältnis. Es kann beispielsweise ein edles Tongefäß sein, in dem eine einzelne Seerose die Blicke auf sich zieht. Auch ein Holzfass, eine Zinkwanne und sogar ein großer Mörtelkübel (eingegraben oder verkleidet) können leicht zu einem Miniteich umfunktioniert werden.

Bei Miniteichen auf dem Balkon sollten Sie unbedingt die Tragfähigkeit Ihres Balkons überprüfen. Außerdem sollten die Gefäße wirklich hundertprozentig dicht sein, damit es keine Wasserschäden gibt. Um zu verhindern, dass giftige Substanzen an das Wasser abgegeben werden, sollten Sie Wannen aus Zink oder Stahlblech von innen mit Spezialanstrichen aus dem Fachhandel versehen. Holzfässer sollten Sie mit Teichfolie auskleiden, damit sie dicht sind. Sie können die Folie einfach knapp unter der Kante des Gefäßes antackern oder festkleben. Denken Sie auch daran, dass die meisten Gefäße nicht frostfest sind: Sie müssen deshalb im Winter unbedingt ins Haus geholt werden.

Auswahl und Standort der Pflanzen

Ein Miniteich kommt am besten auf einem Balkon oder einer Terrasse zur Geltung. Dies ist meist auch der ideale Standort für Wasserpflanzen: Er ist windgeschützt und sonnig. Ab dem frühen Nachmittag sollte der Miniteich im Halbschatten stehen, damit sich das Wasser nicht allzu sehr aufheizt und verdunstet.

Die Auswahl der richtigen Pflanzen ist in erster Linie vom Standort Ihres Miniteichs abhängig. Stellen Sie stets nur solche Pflanzenarten zusammen, die denselben Standort, also etwa Sonne oder Halbschatten, bevorzugen. Außerdem ist es wichtig, in welcher Wassertiefe die Pflanzen am besten gedeihen. Um aus einer größeren Palette verschiedener Pflanzen auswählen zu können, hilft ein kleiner Trick: Legen Sie einfach einen oder mehrere Ziegelsteine übereinander. So schaffen Sie unterschiedliche Pflanzebenen in Ihrem Miniteich. Bei tiefen Fässern hängt man Pflanzkörbe (→ Seite 86) mit Drahthaken am Rand auf.

Damit die Wasserfläche wirkt, sollten Sie diese grundsätzlich nur sparsam bepflanzen, also nicht mehr als vier verschiede-

> Ein Wassergarten entsteht

ne Pflanzen pro Miniteich. Am schönsten ist eine Kombination aus hoch wachsenden Arten mit halbhohen und auf dem Wasser schwimmenden oder überhängenden Pflanzen. Setzen Sie die hohen Pflanzen von der Betrachterseite aus nach hinten, damit sie nicht den Blick auf die niedrigen Pflanzen verdecken. Verzichten Sie auf sehr große, stark wuchernde Pflanzen und unterbinden Sie, dass sich einzelne Pflanzen zu stark ausbreiten, indem Sie sie in Pflanzkörbe einsetzen.

Den Miniteich bepflanzen

Eine Wasserlandschaft im Kleinstformat ist schnell gestaltet. Empfehlenswert ist es, das Gefäß schon zum Bepflanzen auf den vorgesehenen Platz zu stellen, da der fertige Miniteich schwer zu transportieren sein wird.
- Setzen Sie immer nur ein Exemplar in einen mit Substrat gefüllten Korb. Das Substrat sollte möglichst nährstoffarm sein. Geeignet ist eine Mischung aus Lehm und Sand im Verhältnis 1:3.
- Damit das Substrat nicht aufschwimmt, wird es mit Kieselsteinen abgedeckt.
- Anschließend die bepflanzten Körbe in das Gefäß setzen und mit Steinen beschweren.
- Befüllen Sie den Miniteich vorsichtig mit Wasser. Nehmen Sie am besten abgestandenes Wasser aus der Regentonne. Es ist kalkarm und hat die richtige Temperatur (→ Seite 74/75).

1 Den Pflanzkorb vorbereiten
Setzen Sie die Pflanzen in einen mit Substrat gefüllten Korb. Damit das Substrat nicht aufschwimmt, wird es mit einer Schicht Kieselsteinen bedeckt.

2 Pflanzen einsetzen
Befüllen Sie das Pflanzgefäß so weit mit Kieselsteinen, dass der Pflanzkorb in der gewünschten Höhe steht. Auf diese Kieselschicht setzen Sie den fertig vorbereiteten Pflanzkorb.

3 Das Wasser einlassen
Damit das Substrat nicht aufgeschwemmt wird, lässt man das Wasser vorsichtig ein. Halten Sie dabei den Schlauch nicht direkt auf den Pflanzkorb.

4 Noch mehr Pflanzen
Schwimmblattpflanzen wie die attraktive Muschelblume legen Sie zum Schluß einfach auf die Wasseroberfläche; sie schwimmt frei auf dem Wasser.

Gartenpraxis

> FRAGE & ANTWORT

Expertentipps rund ums Bauen und Anlegen

Beim Anlegen eines Gartenteichs werden – trotz sorgfältigster Planung – immer wieder Fragen auftauchen. Und selbst wenn der Teich fertig ist, hat man als Hobby-Teichbauer noch nicht ausgelernt. Hier finden Sie Antworten auf wichtige Fragen.

[?] Mein Fertigteich besteht seit zwei Jahren und ist üppig bewachsen. Dadurch wirkt die Wasserfläche nun viel kleiner, als ursprünglich geplant. Wie kann ich meinen Teich vergrößern?

Für bestimmte Fertigteiche gibt es Becken, die man ansetzen kann oder auch Überbrückungselemente, mit denen mehrere Becken verbunden werden können. Sie können auch einen zweiten Fertigteich direkt im Anschluss an den bestehenden ansetzen und den Übergang an der schmalsten Stelle mit einer Brücke kaschieren.
Haben Sie nur wenig Platz, können Sie auch ein Fertigelement für eine Sumpfzone ansetzen.
Gibt es solche Elemente für Ihr Fertigbecken nicht, können Sie mit Teichfolie eine Sumpfzone an Ihren Teich anfügen (→ Seite 39).

[?] Was muss ich bei der Pflege eines Miniteichs beachten? Kann er im Freien überwintern?

Miniteiche sind in der Regel pflegeleicht. Je kleiner das Gefäß, umso wichtiger ist jedoch die regelmäßige Kontrolle des Wasserstandes. Vor allem an sonnigen Standorten verdunstet das Wasser im Sommer sehr schnell und muss daher regelmäßig nachgefüllt werden.
Von der Auswahl des Gefäßes und natürlich auch der Pflanzen hängt es ab, ob ein Miniteich draußen überwintern kann. Gefäße aus Stein, Beton, Keramik oder Holz können bei Frost zerspringen und sollten deshalb vor dem ersten Frost ins Haus geholt werden. Kunststoffgefäße, vor allem Mörtelkübel, aber auch Metallgefäße halten in der Regel einige Minusgrade aus und können draußen bleiben. Alle heimischen Sumpf- und Wasserpflanzen sind winterhart und dürfen ruhig bis zu ihren Wurzeln durchfrieren. Für tropische Pflanzen gilt dies jedoch nicht. Sie müssen im Haus überwintern. Welche Arten dies sind, finden Sie auf den Seiten 108–119.

Optimal für die Überwinterung eines Miniteichs ist ein heller Raum mit Temperaturen zwischen 5 °C und 10 °C. Es genügt ein Wasserstand von 10–20 cm.
Oft sind Miniteiche zu groß und zu schwer, um sie komplett ins Haus zu holen. In diesem Fall entnehmen Sie nur die frostempfindlichen Pflanzen und überwintern sie geschützt im Haus.

[?] Nach Regenfällen wird mein Holzdeck am Teich glatt und rutschig. Was kann ich dagegen tun?

Holz wird dann besonders rutschig, wenn Wasser darauf steht und nicht ablaufen kann. Zur gefährlichen Rutschpartie kann es vor allem dann kommen, wenn sich die ersten Algen auf dem Holz angesiedelt haben. Sie bilden einen sehr glatten, schmierigen Film auf dem Holz. Mit einem einfachen Trick sorgen Sie für einen Wasserablauf: Fräsen Sie in regelmäßigen Abständen Rillen in die Holzbohlen. In ihnen kann sich das Regenwasser sammeln und ablaufen.

? Ich möchte in meinem Gartenteich einen Springbrunnen integrieren. Worauf muss ich achten? Kann ich dafür meine Gartenpumpe verwenden?

In keinem Fall sollten Sie für einen Springbrunnen eine herkömmliche Gartenpumpe verwenden. Sie sind nicht für den Dauereinsatz geeignet und verbrauchen zuviel Strom. Sinnvoll ist der Einbau einer Pumpe mit integriertem Filter, weil die Düsen von Wasserspielen leicht durch Schmutzpartikel verstopfen. Je leistungsstärker die Pumpe, umso höher und weiter spritzt das Wasser. Genaue Angaben hierzu finden Sie auf der Verpackung aller Markenpumpen. Achten Sie darauf, dass die Förderleistung reguliert werden kann und sich der Filter einfach reinigen lässt. Das Rohr mit der Düse sollte schwenkbar und per Teleskopstange ausziehbar sein, damit Sie die Richtung und die Höhe der Düse richtig einstellen können.

? Kann der Teichrand Schaden nehmen, wenn ich ihn nicht bedecke?

Bei Fertigbecken ist der Teichrand meist schon mit einer Oberfläche beschichtet, die wie Sand aussieht und relativ natürlich wirkt. Ist der Teichrand nicht besandet, müssen Sie ihn zwar nicht bedecken, weil Fertigbecken problemlos die UV-Strahlen der Sonne vertragen. Es sieht aber besser aus, wenn Sie den Teichrand mit Steinen kaschieren. Beim Folien-

teich dagegen muss der Teichrand bis in 15 cm Wassertiefe unbedingt vollständig abgedeckt werden, da die Folie mit der Zeit empfindlich auf die ultraviolette Strahlung der Sonne reagiert und früher oder später brüchig werden kann.

? Ich habe nur wenig Platz im Garten, möchte auf einen Teich aber nicht verzichten. Was muss ich bei der Anlage eines kleinen Teichs beachten?

Bei kleinen Teichen hat man oft das Problem, dass sich der kleine Wasserkörper im Sommer zu stark erwärmt und dass hierdurch der Sauerstoffgehalt des Wassers rasch abnimmt. Um dies zu verhindern, können Sie schon beim Bau Vorkehrungen treffen: Planen Sie bei kleinen Teichen grundsätzlich Zuleitungen für Pumpen und Filter ein. Sie helfen, die Wasserqualität auch im Sommer stabil zu halten und verhindern, dass das Wasser zu schnell veralgt. Günstig ist es auch, von vornherein einen Frischwasserzufluss einzuplanen, damit verdunstetes Wasser regelmäßig nachgefüllt werden kann. Durch eine geschickte Platzierung Ihres Teichs im Garten können Sie außerdem dafür sorgen, dass das Wasser zur Mittagszeit möglichst nicht der Sonne ausgesetzt ist.

? Ich möchte einen großzügigen Wassergarten anlegen, er soll aber nicht zu teuer werden. Woran kann ich sparen?

Bei großen Teichen erhöht insbesondere das Abdichtungsmaterial schnell die Kosten. Entscheiden Sie sich deshalb besser für einen

Folienteich: Teichfolie kostet wesentlich weniger als ein großes Fertigbecken. Sparen Sie aber nicht bei der Qualität der Folie und bei der Folienstärke. Bei einem großen Teich sollte die Folie wegen des hohen Gewichts des großen Wasserkörpers in jedem Fall 2 mm dick sein. Dämmen Sie die Kosten besser ein, indem Sie Ihren Teich von vornherein so anlegen, dass sich ein biologisches Gleichgewicht einstellen kann (→ Seite 21), so dass der Teich ohne technische Hilfsmittel wie Pumpen oder Filter auskommt. So sparen Sie nicht nur beim Anschaffungspreis, sondern auch bei den laufenden Stromkosten. Da Leitungswasser teuer ist, empfiehlt sich insbesondere für große Teiche eine Zuleitung mit Regenwasser. Ansonsten lohnt für Gartenteichbesitzer der Einbau eines zweiten Wasserzählers: Er zählt das im Garten verbrauchte Leitungswasser separat, so dass die hohen Abwassergebühren für dieses Wasser entfallen. Auch bei der Gestaltung lässt sich einiges sparen: Kieselsteine sind billiger als Steinfolie. Kaufen Sie Kieselsteine außerdem nicht als Sackware im Gartencenter, sondern lose im Kieswerk, das ist wesentlich günstiger. Kieselsteine sind auch ein preiswerter und attraktiver Belag für Wege, die zum und um den Teich führen. Schließlich können Sie auch bei der Bepflanzung sparen: Bitten Sie Nachbarn oder Freunde um Ableger von Wasserpflanzen und geben Sie heimischen, robusten Arten den Vorzug. Sie sind bestens an unser Klima angepasst und gedeihen bei uns problemlos.

2 Gartenpraxis

Technik für den Teich

Heute gibt es zahlreiche technische Hilfsgeräte wie Filter und Pumpen, die das Wasser rein halten und sehr einfach zu handhaben sind. Und mithilfe von Mess-Sets aus dem Fachhandel können Sie jederzeit mühelos die Wasserqualität in Ihrem Gartenteich testen.

Im Grunde kann ein Gartenteich völlig ohne Technik auskommen. Je nach Teichgröße und -art kann es sinnvoll sein, einen Filter oder eine Pumpe anzuschaffen.

Was Teichgeräte leisten

- Filter übernehmen eine Reihe wichtiger Aufgaben. Sie bekämpfen übermäßiges Algenwachstum, weil sie aus dem Wasser überschüssige Nährstoffe und Schmutzpartikel entfernen und Giftstoffe reduzieren. Auf keinen Fall kommen Sie ohne Filter aus, wenn Sie einen Teich mit hohem Fischbesatz haben, weil hier über Futter und Fischkot sehr viele Nährstoffe ins Wasser gelangen. Dies führt zu einer Wassertrübung und fördert das Algenwachstum.
- Doch auch für kleine und flache Teiche mit weniger als 60 cm Wassertiefe und einer Fläche unter 6 m² ist oft ein Filter notwendig. Denn der Wasserkörper heizt sich in der Sonne schnell auf, und es kommt zu einer Massenentwicklung von Algen. In der Folge kann der Teich umkippen, das biologische Gleichgewicht gerät aus den Fugen.
- Einen Filter brauchen Sie auch immer dann, wenn der Teich nur wenig Sumpf- und Unterwasserpflanzen enthält, die helfen, das Wasser zu klären. Damit diese Pflanzen jedoch gut wachsen können, muss ein Drittel der Wasseroberfläche frei bleiben, damit genug Sonnenlicht in das Wasser gelangt. Gedeihen diese Pflanzen nicht oder fehlen sie sogar ganz, müssen sie durch technische Hilfsmittel ersetzt werden.
- Pumpen wälzen das Wasser um, halten es so in Bewegung und führen dem Teich lebenswichtigen Sauerstoff zu.
- Neben Pumpen und Filtern gibt es noch Schlammsauger, Skimmer, Oxydator und Eisfreihalter (→ Seite 72/73).
- Berücksichtigen Sie schon bei der Planung und dem Bau des Teichs, dass Sie für alle elektrischen Geräte Kabel brauchen, die vom Haus zum Teich führen. Sie werden unterirdisch verlegt (→ Seite 35).

Plätschert Wasser, ist meist Technik mit im Spiel: Wasserspiele sind einfach zu installieren und setzen besondere Akzente.

> Technik für den Teich

Gartenpraxis

Technische Geräte für jeden Zweck

Setzt man die für den jeweiligen Teich passenden Geräte richtig ein, leisten sie bei der Teichpflege gute Dienste: Pumpen, Filter und Oxydatoren reinigen das Wasser und sorgen für ausreichend Sauerstoff.

Vor allem in einem neu angelegten Teich kann es in der ersten Zeit zu starkem Algenwachstum kommen: Das frisch eingefüllte Wasser ist noch zu nährstoffreich und die neu eingesetzten Pflanzen sind noch zu klein, um alle Nährstoffe zu verarbeiten. Erst mit der Zeit stellt sich das biologische Gleichgewicht ein (→ Seite 21/22), der Teich klärt sich dann in der Regel meist von ganz alleine.

Planen Sie jedoch, viele Fische in den Teich einzusetzen und sie zu füttern, ist ein Filtersystem dringend zu empfehlen. Futtermittelreste und Fischkot belasten sonst das Wasser, die Folge ist Sauerstoffmangel und Algenwachstum.

Der richtige Filter

Größe und Leistungsfähigkeit des Filters richten sich nach dem Teichvolumen. Ist der Filter zu klein, verschmutzt er schnell und muss ständig gereinigt werden. Die passende Leistungsfähigkeit des Filters können Sie berechnen, indem Sie Höhe x Breite x größte Teichtiefe multiplizieren und das Ergebnis durch zwei teilen. Dieser Wert gibt annähernd das richtige Teichvolumen an. Filter können das Wasser auf mechanische oder biologische Weise reinigen. Biologische Filter enthalten Materialien mit großer Oberfläche, auf denen Bakterien festsitzen und wachsen können. Diese zersetzen organische Abfallprodukte und reinigen so das Wasser. Bei mechanischen Filtern werden Trübstoffe und Partikel über eine Reihe von immer feineren Sieben und einem Schwamm aus dem Wasser entfernt. Biologische Filter müssen durchgehend 24 Stunden in Betrieb sein. Werden sie abgeschaltet, sterben die zur biologischen Reinigung notwendigen Mikroorganismen im Filter ab und müssen sich wieder neu ansiedeln. Der Filter arbeitet dann erst nach mehreren Wochen wieder mit der vollen Leistung. Mechanische Filter können jederzeit abgeschaltet werden, ohne dass ein Schaden entsteht. Sie arbeiten nach dem Einschalten sofort wieder mit voller Kraft. Grundsätzlich unterscheidet man zwei verschiedene Filtersysteme.

- **Druckfilter:** Sie eignen sich vor allem für kleine und mittlere Teiche bis max. 10 000 l Inhalt und werden neben dem Teich eingegraben. Eine Pumpe saugt das Wasser an und presst es anschließend durch das Filtermaterial. Das aus dem Filter austretende Wasser kann man einfach in den Teich zurückfließen lassen oder man nutzt es, um einen Bach oder einen Wasserfall zu betreiben, da das Wasser ja bereits unter Druck steht. Die nötige Leistung berechnet man mithilfe der Bachbreite (→ Seite 54).
- **Drucklose Filter:** Sie werden auch Schwerkraftfilter genannt, sind auch für große Teichanlagen bis über 100 000 l erhält-

Starke Pumpen speisen Filter, für Wasserspiele reichen schwächere, die weniger Strom verbrauchen.

> Technik für den Teich

Durchlauffilter installiert man am Ufer. Über verschiedene Kammern reinigen sie das Wasser mechanisch und biologisch.

Geeignete Pumpen

Pumpen werden immer dann gebraucht, wenn Wasser bewegt werden soll – beispielsweise, um es durch einen Filter zu schicken, einen Bachlauf zu betreiben oder für ein Wasserspiel. Es gibt Pumpen, die außerhalb des Wassers am Ufer installiert werden und so genannte Tauchpumpen, die im Teich aufgestellt werden. Vor der Anschaffung einer Pumpe sollten Sie sich darüber im Klaren sein, für welchen Zweck Sie diese einsetzen möchten. Wichtige Kenngrößen sind die Förderleistung in Liter pro Stunde und die Förderhöhe. Beim Kauf sollten Sie auch darauf achten, dass sich das Gehäuse zum Reinigen einfach und ohne Werkzeug öffnen lässt. Ratsam ist es, immer einen Schlauch mit maximalem Durchmesser anzuschließen, damit die Leistung nicht gemindert wird. Der Ansaugstutzen der Pumpe sollte an der tiefsten Stelle des Teichs installiert werden, damit die Reinigungsleistung optimal ist. Wichtig ist, dass der Ansaugstutzen die richtige Länge hat. Er muss ins freie Wasser ragen,

lich und entsprechend groß und sperrig. Sie werden am Teichrand aufgestellt. Eine Teichpumpe befördert das Wasser vom Teich in den Einlass an der Oberkante des Filters. Von hier läuft es selbstständig durch den Filter und fließt wieder in den Teich zurück. Die Leistung eines Schwerkraftfilters sollte so bemessen sein, dass er den Teich mindestens zweimal täglich umwälzt. Ein Teich mit 12 000 l Wasser braucht also einen Filter, der in 24 Stunden 24 000 l Wasser umwälzt. Das entspricht einer Leistung von etwa 1 000 l pro Stunde.

- **UVC-Filter:** Sowohl Druck- als auch Schwerkraftfilter werden mit integriertem UVC-Filter angeboten: Sie enthalten eine vor die Filterkammer montierte UV-Leuchte. Die C-Wellen des ultravioletten Lichts greifen die Zellen von grünen Schwebealgen an. Die Algen verklumpen und bleiben leichter im Filter hängen. Auch

schädliche Bakterien werden so reduziert und trübes Wasser wird wieder klar. Die UVC-Lampe muss jährlich gewechselt und regelmäßig gereinigt werden, um wirken zu können. Setzen Sie UVC-Filter aber nur im Notfall bei übermäßigem Algenwachstum und nur solange ein, bis das Wasser wieder klar ist, weil das UV-Licht auch die nützlichen Mikroorganismen, die Schadstoffe im Wasser abbauen, zerstört. Bei allen UVC-Filtern können Sie die UV-Lampe unabhängig vom Filtersystem jederzeit an- und ausschalten.

> **Tipp**
>
> **SICHER IST SICHER**
>
> Alle elektrischen Installationen sollten nur von einem Elektriker ausgeführt werden. Verwenden Sie im Freien nur Schalter und Stecker, die für den Betrieb im Garten zugelassen sind. Alle Leitungen müssen wasserfest sein. Wichtig ist auch ein Fehlerstromschutzschalter (FI-Schalter), der bei einem Kurzschluss den Stromkreis unterbricht.

71

Gartenpraxis

sollte aber nicht unnötig lang sein, damit die Pumpe keine Kraft vergeudet. Sägen Sie den Ansaugstutzen deshalb bei Bedarf auf die nötige Länge ab.
- **Pumpen für Filter**: Pumpen, die Wasser durch Filteranlagen pressen, müssen unempfindlich gegen Schmutzpartikel im

Ein Oxydator gibt gleichmäßig Sauerstoff ab und sorgt so für gute Wasserqualität.

Wasser sein, sonst würden sie ständig verstopfen. Solche Pumpen können je nach Hersteller feste Bestandteile bis zu 2 cm Durchmesser transportieren, ohne dass das Flügelrad blockiert wird oder das Pumpgehäuse verstopft. In manchen Geräten zerkleinert ein im Pumpgehäuse rotierendes Metallblatt Festbestandteile und macht sie so unschädlich. Die Förderleistung von Pumpen liegt etwa zwischen 500 l bis 20 000 l pro Stunde.
- **Pumpen für Bachläufe**: Um Wasser über eine bestimmte Entfernung und in eine bestimmte Höhe zu transportieren, benötigen Sie eine Pumpe mit hoher Leistung. Reicht die Leistung nicht, ist z. B. der Bach nicht richtig mit Wasser befüllt. Die benötigte Förderleistung ergibt sich aus der Breite des geplanten Bachlaufs (→ Seiten 52–55). Solche Pumpen können Außenpumpen sein, die in Ufernähe in einer gut belüfteten und trockenen Kammer (beim Teichbau berücksichtigen!) untergebracht werden. Erhältlich sind aber auch Tauchpumpen, die auf den Teichgrund gestellt werden. Stehen sie nicht tief genug und damit frostfrei, müssen sie im Herbst herausgenommen und an einem frostsicheren Platz überwintert werden.
- **Pumpen für Wasserspiele**: Für den Betrieb von Wasserspielen oder Springbrunnen benötigen Sie Tauchpumpen mit geringer Leistung, meist weniger als 100 Watt pro Stunde, aber hohem Druck. Mit speziellen, auswechselbaren Aufsätzen können verschiedene Wasserbilder wie Fontänen oder Wasserglocken erzeugt werden (→ Seite 60/61). Sie können die Pumpe direkt unter der Fontäne, aber auch ein Stück davon entfernt montieren. Empfindliche Tauchpumpen schützen Sie mit einem Vorfilter. Viele Modelle enthalten aber bereits einen integrierten Filter.
- **Solarpumpen**: Sie arbeiten umweltfreundlich und werden nur durch Sonnenlicht angetrieben. Besonders nützlich sind sie dort, wo es keinen Stromanschluss gibt und eine unterirdische Verlegung von Kabeln zu aufwändig ist. Ihre maximale Förderleistung bei direkter Sonneneinstrahlung ist mit etwa 500 l pro Stunde allerdings recht niedrig. Daher eignen sich diese Pumpen eher für den Betrieb kleiner Wasserspiele.

Praxisinfo

BIOLOGISCHE TEICHFILTER FÜR FERTIGBECKEN

Speziell für Fertigbecken mit einer eingebauten Sumpfzone sind biologische Teichfilter als fertige Bausätze erhältlich.

- Die Filter bestehen aus einem durchlöcherten Kunststoffschlauch, der mit einem Kokosgewebe ummantelt ist.
- Dieser Schlauch wird an eine Pumpe angeschlossen, in die Sumpfzone gelegt und dann mit Kies bedeckt. Auf dem Kokosmaterial siedeln sich in kurzer Zeit Mikroorganismen an, die das Wasser biologisch reinigen.
- Die im Kies wachsenden Sumpfpflanzen unterstützen den Filter, indem sie dem Wasser überschüssige Nährstoffe entziehen.

> Technik für den Teich

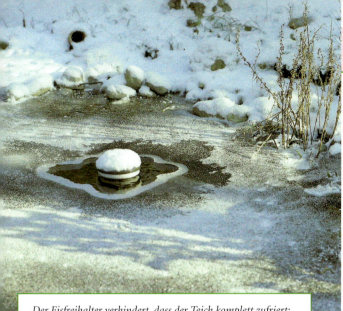

Der Eisfreihalter verhindert, dass der Teich komplett zufriert; Faulgase können so auch im Winter aus dem Teich entweichen.

Weitere technische Geräte

Neben Pumpen und Filtern bietet der Fachhandel heute noch weitere Geräte zur Pflege und Instandhaltung des Gartenteichs an.

- **Oxydator** (Sauerstoffspender): Er funktioniert ohne Strom, versorgt den Teich mit Sauerstoff und hilft so, das Wasser bei Überdüngung zu klären. Außerdem ist er immer dann sinnvoll, wenn in einem Teich viele Fische leben, er aber nur wenig mit Pflanzen bewachsen ist. Ein Oxydator ist ein Behälter aus Ton, der mit Wasserstoffperoxyd (H_2O_2) gefüllt und im Teich versenkt wird. Dort gibt er kontinuierlich Sauerstoff ab, bis der Inhalt aufgebraucht ist. Wie lange die Füllung hält, hängt von der Wassertemperatur ab: Im Sommer reicht sie etwa zwei Monate, im Winter doppelt so lange. Wann nachgefüllt werden muss, erkennen Sie daran, dass das Gerät zur Oberfläche des Teichs schwimmt. Füllen Sie den Oxydator in jedem Fall im Herbst, um eine Sauerstoffzufuhr über den ganzen Winter zu gewährleisten. Hat er längere Zeit gestanden oder ist Teichwasser in den Behälter eingedrungen, sollte man ihn vorher mit Oxydationslösung spülen, um ein unkontrolliertes Austreten der Flüssigkeiten zu verhindern. Dies könnte zu einer Schädigung der Fische führen.

- **Eisfreihalter:** Bei komplett zugefrorener Wasseroberfläche findet – wenn im Teich keine Röhrichtpflanzen stehen gelassen wurden – kein Gasaustausch mehr mit der Umgebung statt. Faulgase können nicht mehr abziehen, und Tiere und Pflanzen leiden unter Sauerstoffmangel. Eisfreihalter verhindern das Zufrieren und sind vor allem in Teichen sinnvoll, in denen Fische leben. Sie bestehen aus einem Schwimmkörper aus Styropor, der mit einer Verankerung in der Tiefenzone befestigt wird.

- **Skimmer** (Oberflächenabsauger): Ein Skimmer wird am Ufer oder in der Teichmitte »schwimmend« platziert und fängt Laub, Pollen, Staub und andere Partikel in einem Sieb auf. Er ist einer Pumpe vorgeschaltet, die einen Filter betreibt. Setzen Sie einen Skimmer aber nur im Notfall ein, weil er neben dem Laub auch zahlreiche Kleintiere beseitigt. Außerdem ist der Skimmer größeren Mengen Laub im Herbst nicht gewachsen. Hier ist ein Laubschutznetz sinnvoller.

- **Schlammsauger:** Im Laufe des Jahres zu Boden gesunkene Laubblätter und andere organische Substanzen zersetzen sich und bilden einen feinen Mulm. Wird diese Schicht zu dick und der Teich dadurch zu flach, können Sie sie mit Hilfe eines Schlammsaugers entfernen. Der Schlamm wird am Teichboden abgesaugt und in einem Behälter am Teichrand aufgefangen. Das abgesaugte Wasser sollte nicht in den Teich zurückgeleitet werden. Es ist bakteriell belastet und führt zu einer Eintrübung. Sie können es aber auf Beete leiten oder im Rasen versickern lassen. Saugen Sie diese Mulmschicht aber nur im äußersten Notfall ab: Denn beim Absaugen werden viele am Bodengrund lebenden Tiere mit eingesaugt und abgetötet. Saugen Sie auch nie den ganzen Grund, sondern nur einen Teil ab. Schonender ist es, wenn Sie den Schlamm mit einer Schaufel vorsichtig entfernen und dann einige Stunden am Ufer liegen lassen, damit die Tiere wieder in den Teich zurückkriechen können.

2 Gartenpraxis

Goldene Regeln für die Wasserqualität

Wasser kann hart oder weich sein, sauer oder alkalisch, es kann viel oder wenig Sauerstoff enthalten. Auch der Nährstoffgehalt und die richtige Temperatur entscheiden über die Qualität des Teichwassers.

Die für den Gartenteich wichtigsten Eigenschaften des Wassers werden durch vier Faktoren bestimmt. Das sind die Wasserhärte, der Säuregehalt (pH-Wert), der Sauerstoffgehalt und der Gehalt an gelösten Nährstoffen. Zur Messung und Überwachung all dieser Werte bietet der Fachhandel jeweils einfach zu handhabende Testsets an.
Kontrollieren Sie die Qualität des Teichwassers regelmäßig, damit Sie, falls Werte zu hoch oder zu niedrig sind, rechtzeitig die richtigen Maßnahmen ergreifen können.

Hartes und weiches Wasser

Der Härtegrad des Wassers wird durch den Gehalt an Kalzium- und Magnesiumsalzen bestimmt. Die Maßeinheit hierfür sind die Deutschen Härtegrade (°dH). Weiches Wasser hat eine Härte von 4–8 °dH, mittelhartes Wasser von 9–17 °dH und hartes Wasser von 18–30 °dH. Pflanzen und Tiere im Teich benötigen mittelhartes Wasser. Die Gesamthärte beeinflusst die Zellfunktionen der im Wasser lebenden Organismen. Sinkt der Wert wesentlich unter 10 °dH oder steigt er über 20 °dH, müssen Sie eingreifen und den Wert korrigieren, indem Sie einen im Fachhandel erhältlichen Teichaufhärter ins Wasser geben, mit dem die ideale Wasserhärte eingestellt wird.

Die Karbonathärte

Die Karbonathärte (KH) ist ein Maß für die Konzentration von Carbonat-Ionen im Wasser. Diese entstehen, wenn im Wasser gelöstes Kohlendioxid (CO_2) in Kohlensäure übergeht. Kohlendioxid entsteht beim Abbau von »Abfallstoffen« durch Bakterien und wird von Fischen ausgeatmet. Pflanzen verbrauchen CO_2 und können es dadurch dem Wasser wieder entziehen. Der KH-Wert wird ebenfalls in deutschen Härtegraden gemessen, er sollte zwischen 3 °dH und 10 °dH liegen. Ein guter KH-Wert ist wichtig, weil er hilft, den Säuregehalt im Wasser stabil zu halten.

Weicht der pH-Wert vom Ideal (6–7) ab, wird er mit Zusätzen aus dem Fachhandel reguliert.

› Technik für den Teich

Ist ein Teller, der etwa 30 cm tief unter Wasser gehalten wird, noch gut sichtbar, ist die Wasserqualität in Ordnung.

Der Säuregehalt (pH-Wert)

Der pH-Wert ist ein Maß für den Säuregehalt einer Lösung. Er beschreibt, vereinfacht ausgedrückt, ob eine wässerige Lösung sauer, neutral oder basisch reagiert. Saures Wasser hat einen pH-Wert von 0 bis unter 7, neutrales Wasser hat einen pH-Wert von 7 und alkalisches Wasser hat einen pH-Wert von 7–14.
Der ideale pH-Wert für Teichwasser beträgt pH 6–7. Der Toleranzbereich für Fische liegt im Bereich zwischen pH 6 und pH 9. Die Messung erfolgt mithilfe eines Universalindikators oder mit einem Messgerät (beide sind im Fachhandel erhältlich). Da der pH-Wert Schwankungen unterliegen kann, sollte zunächst mehrmals im Tagesverlauf gemessen werden. Erst bei einer dauerhaften Abweichung vom Idealbereich sind Gegenmaßnahmen einzuleiten. Mittel zur Hebung oder Senkung des pH-Werts sind im Fachhandel erhältlich.

Der Sauerstoffgehalt

Der Sauerstoffgehalt des Wassers wird maßgeblich von der Temperatur bestimmt. Je wärmer das Wasser, desto weniger Sauerstoff enthält es. Im Idealfall sollte der Sauerstoffgehalt 12 mg pro Liter Wasser betragen und nicht unter 6 mg pro Liter absinken.
Messen Sie den Sauerstoffgehalt immer am Morgen, weil er dann am niedrigsten ist. Besonders in den Sommermonaten sind nach Luft schnappende Fische und Kleintiere wie Schnecken, die sich dicht unter der Wasseroberfläche aufhalten, ein sicheres Indiz für einen zu geringen Sauerstoffgehalt des Wassers. Eine schnelle Sauerstoffzufuhr erreicht man durch Umwälzen des Wassers mit Pumpen, durch Fontänen und Springbrunnen oder Bachläufe. Eine zeitweise Beschattung der Wasseroberfläche hat ebenfalls einen positiven Effekt auf die Sauerstoffbilanz. Reicht dies nicht aus, schafft ein Oxydator Abhilfe (→ Seite 73).

Der Nährstoffgehalt

Nährstoffe wie Phosphate, Ammonium und Nitrate können auf vielen Wegen in den Teich gelangen: durch Pollenflug im Frühjahr, in Form von Laub im Herbst, durch absterbende Pflanzenteile, Fischfutter und Fischkot oder durch bei Regen eingeschwemmten Dünger. Denn ein Zuviel an Nährstoffen bewirkt ein übermäßiges Algenwachstum im Teich (→ Seite 21/22).
Die Konzentrationen der unterschiedlichen Nährstoffe lassen sich mithilfe von Tropftests oder Teststäbchen aus dem Fachhandel messen. Nitrit und Ammonium sind Fischgifte und dürfen in einem Teich

> **Tipp**
>
> **WASSERPROBEN RICHTIG NEHMEN**
>
> Viele Gartencenter analysieren gegen eine geringe Gebühr Ihr Teichwasser. So entnehmen Sie die Probe richtig:
> - Halten Sie den geschlossenen Probenbehälter ganz unter Wasser und öffnen Sie ihn erst dort.
> - Das Gefäß bis zum Rand füllen (keine Luftblasen!).
> - Lassen Sie die Probe innerhalb von 24 Std. untersuchen.

Gartenpraxis

nicht nachweisbar sein. Zur Vermeidung von zu hohen Nitrit- und Ammoniumwerten können im Frühjahr Starterbakterien in den Filter gegeben werden, die diese giftigen Substanzen in Nitrate umwandeln. Präparate, die diese Stoffe sowie Phosphat reduzieren, sollten nur im Notfall eingesetzt werden. Wichtiger ist es, auf Dauer den Nährstoffeintrag im Teich zu reduzieren.

Welches Wasser eignet sich?

Zum Füllen des Teichs eignen sich Regenwasser, Leitungswasser oder Grundwasser.

■ Die meisten Teiche werden mit Leitungswasser gefüllt. Dies ist eine einfache Lösung, weil Leitungswasser überall verfügbar ist und bequem mit Hilfe eines Gartenschlauchs eingelas-

Bester Garant für gute Wasserqualität sind die Pflanzen in und am Teich: Sie halten das Wasser rein.

sen werden kann. Doch Leitungswasser ist für die Verwendung als Teichwasser nicht unproblematisch: Es ist teuer, in der Regel alkalisch und enthält Kalk und Nährstoffe, die das Algenwachstum fördern. Testen Sie die Wasserqualität deshalb und setzen Sie z. B. nach einer Erstbefüllung Fische erst nach einer Wartezeit von zwei bis drei Monaten ein. Dann haben Wasserpflanzen einen großen Teil der Nährstoffe aufgenommen und es hat sich ein biologisches Gleichgewicht eingestellt.

■ Ideal für den Gartenteich ist deshalb, trotz aller Umweltbelastungen, immer noch Regenwasser. Es enthält wenig Kalk, wenig Nährstoffe und es kostet nichts. Weil Regenwasser über das Dach und von dort in die Regenrinne und die Regentonne fließt, enthält es jedoch Ruß- und Schmutzpartikel. Daher sollte es vor Zulauf in den Teich unbedingt gefiltert werden (→ Seite 48/49). Ideal ist eine Zisterne, in der das Wasser gesammelt wird und sich Schmutzpartikel absetzen können. Von dort kann es in den Teich gepumpt werden. Da Regenwasser sauer sein kann, ist die Kontrolle des pH-Wertes unerlässlich (→ Seite 75).

■ Wenn Sie in Ihrem Garten einen Brunnen besitzen, ist Grundwasser eine Alternative zum Regenwasser. Der Nachteil ist aber, dass dieses regional mit Nitraten aus der Landwirtschaft belastet sein kann. Damit diese Nährstoffe nicht ungehindert in Ihren Teich gelangen, ist es sinnvoll, das Wasser zunächst über ein Sumpfbeet zu leiten (→ Sei-

te 48/49). Hier können die Pflanzenwurzeln überflüssige Nährstoffe entziehen. Das gleiche Verfahren empfiehlt sich auch bei der Verwendung von Leitungswasser.

Das Wasser richtig einfüllen

Das Wasser wird erst eingelassen, wenn alle Installationen erfolgt und die Pflanzen eingesetzt sind. Gut gewässert überstehen sie diese »Trockenperiode« problemlos. An warmen Sommertagen sollten Sie die Pflanzen zwischendurch zusätzlich mit Wasser besprühen. Am bequemsten ist es, den Gartenteich mit Hilfe eines Gartenschlauchs zu füllen, aus dem langsam Wasser fließt. Damit der Kies auf dem Boden nicht weggeschwemmt wird, decken Sie den Boden an der Stelle, an der das Wasser eingelassen wird, mit einer Folie ab.

Sie können das Wasser auch mit einer feinen Düse am Ende des Gartenschlauchs zerstäuben. Dies hat den Vorteil, dass sich das in der Regel kalte Leitungs- oder Grundwasser der Umgebungstemperatur anpassen kann und die Pflanzen durch zu kaltes Wasser keinen Schock erleiden. In Hitzeperioden sinkt der Wasserspiegel im Teich durch Verdunstung. Ergänzt man das fehlende Wasser nicht, wärmt sich das Wasser auf und es kann zu Sauerstoffmangel kommen. Füllen Sie den Teich dann mit einem Schlauch, aus dem Wasser einsickert, wieder auf. Sie können den Sauerstoffgehalt auch noch durch einen Sprühaufsatz auf dem Schlauch erhöhen.

> FRAGE & ANTWORT

Expertentipps zur Teichtechnik

Auch wenn der Einsatz technischer Geräte für die Teichpflege heute weitgehend problemlos ist, tauchen doch immer wieder Fragen auf. Hier finden Sie die Antworten auf häufige Probleme beim Umgang mit Filter, Pumpe, Oxydator und Co.

? Muss ich meine Teichpumpe im Winter herausnehmen?

Steht Ihre Teichpumpe tiefer als 80 cm (frostfreie Tiefe), so kann sie den Winter über im Teich verbleiben. Pumpen aus geringeren Wassertiefen müssen im Herbst aus dem Teich genommen und nach gründlicher Reinigung frostfrei gelagert werden, sofern sie nicht vom Hersteller als frostsicher gekennzeichnet sind. Wichtig: Damit Dichtungen und bewegliche Teile nicht porös werden, Pumpen immer in einem mit Wasser gefüllten Eimer überwintern.

? Ich möchte meinen Bach mit einer Pumpe betreiben. Nun steht auf der Packung vom Hersteller etwas von einer Pumpenkennlinie. Was ist das?

Die Pumpenkennlinie, auch Leistungsdiagramm genannt, zeigt das Verhältnis von Fördermenge zur Förderhöhe einer Pumpe an. Das Diagramm zeigt die Abnahme der Fördermenge bei steigender Förderhöhe. Sie können hier also direkt ablesen, wie viel Liter Wasser pro Minute am Ziel ankommen, wenn das Wasser beispielsweise 30 cm hoch gepumpt werden soll.

? Ich habe gehört, dass es Klärteiche zur biologischen Reinigung des Wassers gibt. Wie funktionieren sie?

So genannte Klärteiche werden mit rasch wüchsigen Pflanzen bepflanzt. Dazu gehören etwa Schilf, Rohrkolben, Sumpfiris und Binsen. Diese Pflanzen entziehen dem Wasser überschüssige Nährstoffe, die sie für ihr eigenes Wachstum benötigen. Zudem wird als Bodengrund in einen Klärteich eine Schicht Kies eingfüllt, auf der sich Mikroorganismen ansiedeln können, die Schadstoffe abbauen. Die Anlage eines Klärteichs hat auch den Vorteil, dass Sie eine attraktive Erweiterung des Teichs ist und nicht kaschiert werden muss. Die Pflanzen werden jährlich zu etwa einem Drittel zurückgeschnitten. Ist nach einigen Jahren der Kies komplett vom Wurzelfilz der Pflanzen gefüllt, muss er ausgeräumt und wieder neu aufgebaut werden.

? Ich möchte einen Filter in meinen bestehenden Gartenteich integrieren. Wo ist der beste Platz dafür und wie stelle ich ihn richtig auf?

Filter werden am besten außerhalb des Teichs am Ufer platziert. Die Reinigung und die Wartung sind so wesentlich einfacher als bei Filtern, die unter Wasser stehen. Die zum Filter passende Pumpe stellt man unter Wasser auf. Sie pumpt das Wasser über einen Schlauch hoch in den Filter am Uferrand. Von dort aus fließt das gereinigte Wasser wieder zurück in den Teich. Wichtig ist es, Aufnahme und Rücklauf möglichst weit auseinander zu legen, damit möglichst das gesamte Teichwasser gleichmäßig umgewälzt wird.

77

2 Gartenpraxis

Bepflanzen und pflegen

Seerosen, Schwertlilien, Fische und Libellen erwecken Ihren Gartenteich erst richtig zum Leben. Wenn Sie geeignete Pflanzen und Fische auswählen und richtig pflegen, werden Sie viele Jahre Freude an ihnen haben und Ihr Teich wird zum Mittelpunkt des Gartens werden.

Neben den Seerosen, den Königinnen unter den Wasserpflanzen, gibt es noch eine Vielzahl weiterer schöner und nützlicher Pflanzen für den Gartenteich. Sie sind nicht nur eine Augenweide, sondern bieten den Lebewesen Zuflucht und Nahrung.

Pflanzen richtig kombinieren

Eine gelungene Bepflanzung berücksichtigt jede einzelne Zone des Teichs vom trockenen Uferrand über die feuchte Sumpfzone und das flache Wasser bis hin zur Tiefenzone. Stimmen Sie Wuchshöhe und Blütenfarben aller Zonen so aufeinander ab, dass sich von Ihrem Lieblingsplatz aus ein harmonisches Gesamtbild ergibt. Eine möglichst vielseitige Auswahl an Wasserpflanzen sorgt dafür, dass vom Frühjahr bis in den Herbst hinein immer neue Akzente gesetzt werden. Selbst im Winter verzaubern noch vom Reif überzogene Gräser den Teichrand. Richtig gepflanzt und mit etwas Pflege gedeihen die Pflanzen viele Jahre. Und mit ein wenig Knowhow können Sie die Pflanzen auch selbst vermehren.

Tiere im Teich

Die meisten Wassertiere am Teich wie Libellen, Frösche und Vögel stellen sich von selbst am Gartenteich ein. Die wohl beliebtesten Tiere hingegen müssen vom Menschen eingesetzt werden: Fische im Teich zu beobachten und zu pflegen ist für viele Teichbesitzer ein besonderes Vergnügen. Mit kompetentem Wissen über die Bedürfnisse und Lebensgewohnheiten dieser Tiere können sie dafür sorgen, dass sie gesund bleiben.

Teichpflege

Die Pflegemaßnahmen rund ums Jahr halten das Wasser sauber, so dass Ihr Teich immer ein attraktiver Blickfang im Garten bleibt. Trüben Algen das Wasser oder zeigen Fische Krankheitssymptome, helfen Exptertentipps, die richtige Diagnose zu stellen und Gegenmaßnahmen zu ergreifen.

Mit dem richtigen Zubehör gestalten sich Bepflanzung und Pflege des Teichs kinderleicht.

› Bepflanzen und pflegen

2 Gartenpraxis

‹ SUBSTRAT UND KIESELSTEINE

Das beste Substrat für Wasserpflanzen besteht aus einem Gemisch aus Lehm und Sand im Verhältnis 1:3. Diese Mischung enthält nur wenige Nährstoffe. Die Folge: Die Pflanzen wachsen nicht übermäßig und es gelangen auch kaum Nährstoffe ins Wasser, die zu übermäßigem Algenwachstum führen würden. Damit das Substrat unter Wasser nicht aufschwimmt, wird es zunächst mit einer 2–3 cm dicken Sandschicht bedeckt. Dann schichtet man noch eine Lage Kieselsteine darüber, die Substrat und Sand beschweren. Nährstoffreiches Substrat wird im Gartenteich nur für Seerosen verwendet. Für sie bietet der Fachhandel spezielle Erdmischungen an, die exakt auf ihre Bedürfnisse abgestimmt sind.

Basics rund ums Pflanzen

PRAKTISCH ZU BEPFLANZEN ›

Pflanztaschen und Gitterkörbe sind unentbehrliche Helfer: Körbe halten wuchernde Pflanzen wie Seerosen im Zaum und Pflanztaschen können überall in den verschiedenen Teichzonen, z. B. zwischen Steinen platziert werden. Gitterkörbe sollten ein engmaschiges Gitter haben, damit das Substrat nicht herausfällt. Weitmaschige Körbe kleidet man mit einem Teichvlies aus, so dass die Erde zurückgehalten wird.

‹ SEEROSEN EINSETZEN

Um Wasserpflanzen wie Seerosen in den Teich zu setzen, benötigen Sie einen Rechen oder einen Eisenhaken. Zunächst fertigen Sie aus einem starken Draht zwei Henkel und befestigen sie am Pflanzkorb. Nun hängen Sie den Korb mit den Henkeln an den Rechen oder an den Eisenhaken und versenken den Pflanzkorb an der vorgesehenen Stelle im Wasser.

Mit dem richtigen Zubehör und Werkzeug ist das Einsetzen der Wasserpflanzen ganz einfach. Messer und Scheren helfen Ihnen, Pflanzen zurückzuschneiden und Wurzeln einzukürzen.

˅ PFLANZEN ZURÜCKSCHNEIDEN

Für Rückschnitte ist die Universal-Gartenschere unentbehrlich. Mit ihr schneidet man Stängel bis zu 1 cm Dicke sowie Wurzeln vor dem Pflanzen. Die Klingen müssen immer scharf sein, damit die Schnittstellen nicht ausfransen. So genannte Bypass-Scheren quetschen die Triebe nicht.

˄ WURZELN KÜRZEN

Mit der Gartenschere, einem scharfen Gartenmesser oder einer Hippe entfernen Sie vor dem Einsetzen der Pflanzen beschädigte Wurzeln und kürzen sie insgesamt ein, so dass der Wurzelballen gut in den Gitterkorb oder die Pflanztasche passt.

81

2 Gartenpraxis

Auswahl und Qualität von Teichpflanzen

Von einem Gartenteich mit üppig blühenden Pflanzen träumt jeder Teichbesitzer. Sorgsam ausgewählt, sind diese Pflanzen rund ums Jahr eine Augenweide und halten auch noch das Wasser sauber.

Bei der Auswahl der Pflanzen lohnt sich eine sorgfältige Planung: Gut ausgesucht blüht vom zeitigen Frühjahr bis in den Spätherbst rund um den Teich immer etwas. Wenn Sie dann noch unterschiedlichste Wachstumshöhen und Blütenfarben in den verschiedenen Pflanzzonen geschickt kombinieren, kommen die Pflanzen nicht nur einzeln zur Geltung, sondern ergeben ein harmonisches Gesamtbild.

Teichpflanzen auswählen

Einige Wasserpflanzen, in freier Natur wunderschön anzusehen, sind für den Gartenteich nur bedingt geeignet. Hierzu zählen große und stark wuchernde Arten wie Rohrkolben (*Typha latifolia*) und Schilf, aber auch kleinere wie die Wasserminze. In kurzer Zeit nehmen diese Pflanzen Besitz von Ihrem Teich, und mit ihrem Wurzelwerk können sie sogar Folien beschädigen. Auf solche wuchernden Arten sollten Sie in kleineren Teichen ganz verzichten oder sie in spezielle Gitterkörbe setzen, die ihrem ungehinderten Wachstum Einhalt gebieten (▸ Seite 80). Die Größe der Wasserpflanzen sollte immer mit der Größe des Teichs harmonieren. So wirkt eine Zwergseerose mit kleinen Blüten und Blättern in einem großen Gartenteich etwas verloren. Andererseits gibt es eine Reihe schöner Wasserpflanzen wie Zwerg-Rohrkolben, Goldkeule und

Kräftige, gesunde Pflanzen (rechts) haben schöne Blätter, schwache (links) welke oder vergilbte.

> Bepflanzen und pflegen

Der Blutweiderich, eine typische Sumpfpflanze, lockt Schmetterlinge an den Gartenteich.

Seekanne, die speziell für kleinere Teiche geeignet sind. Die verschiedenen Pflanzen gedeihen in unterschiedlich tiefen Wasserzonen des Teichs. Manche fühlen sich ausschließlich in der Sumpfzone am Teichrand wohl (→ Seite 111–113), andere bevorzugen mittlere Wassertiefen bis zu 50 cm (→ Seite 114/115) und wieder andere wie Seerosen gedeihen am besten in noch tieferem Wasser (→ Seiten 116–119). Nicht vergessen sollten Sie bei der Bepflanzung die eher unattraktiven, aber sehr nützlichen Unterwasserpflanzen (→ Seite 119). Sie warten oft nicht mit dekorativen Blättern oder hübschen Blüten auf, halten aber, weil sie viele Nährstoffe aufnehmen, das Wasser sauber.

Qualität erkennen

Kaufen Sie in jedem Fall nur gesunde und kräftige Pflanzen (→ Checkliste). Wenn Sie die Pflanzen aus guten Gärtnereien oder vom Spezialversand beziehen, sind Sie vor unliebsamen Überraschungen weitgehend sicher. Die größte Auswahl finden sie von April bis August. Zu jeder Pflanze gehört ein Etikett mit dem deutschen und botanischen Namen, der nötigen Wassertiefe, der Höhe, die sie einmal erreicht, sowie der Blütezeit und -farbe.

Heimisch oder tropisch?

Heute wird im Fachhandel eine riesige Palette schöner Pflanzen für den Wassergarten angeboten. Ob heimische Pflanzen oder exotische Schönheiten – dank vielfältiger Züchtungen bleibt kein Wunsch nach einer bestimmten Blütenfarbe offen. Die Herkunft ist ein wichtiges Kriterium für den Kauf der Pflanze. Sie entscheidet maßgeblich darüber, ob die Art frostfest ist, wie viel Pflege sie benötigt und ob sie Insekten mit ihrem Nektar anlockt.

- **Heimische Pflanzen** kommen genauso auch bei uns in der Natur vor. Sie wurden nicht gezüchtet. Ein nicht zu unterschätzender Vorteil: Heimische Pflanzen sind robust, pflegeleicht und winterhart. Und ihr Blütenaufbau ist auf die Bedürfnisse unserer heimischen Insekten abgestimmt. Deshalb locken z. B. Wasserdost und Baldrian viele Schmetterlinge und andere Insekten an.
- **Gezüchtete Pflanzen** erkennen Sie am dritten Namen. So ist beispielsweise die Sumpf-Dotterblume *Caltha palustris* 'Multiplex' eine Zuchtform aus der heimischen Sumpf-Dotterblume *Caltha palustris*. Zahlreiche Zuchtformen der Iris haben andere Farben als die Naturform und bieten ein attraktives Farbenspiel.
- **Tropische Pflanzen** verlangen viel Pflege und Aufmerksamkeit, warten aber dafür mit faszinierenden Blüten auf. Indische Lotusblume und Wasserhyazinthe brauchen zum Blühen eine längere Wärmeperiode. Zum Überwintern sollten Sie tropische Pflanzen besser ins Haus holen (→ Seite 91).

Checkliste

SO SEHEN GESUNDE PFLANZEN AUS

✔ Sind Blätter und Stängel kräftig? Sie dürfen nicht welk oder vergilbt, sondern müssen frisch und grün sein.

✔ Sind Fraßspuren, Schädlinge oder angefaulte Pflanzenteile zu erkennen? Kaufen Sie diese Pflanze nicht.

✔ Hat die Pflanze junge Triebe und Knospen? Dann wird sie auch gut wachsen.

✔ Hält der Wurzelballen dicht zusammen, sind die Wurzeln weiß und kräftig? Dann greifen Sie zu.

2 Gartenpraxis

> PRAXIS

Pflanzen richtig einsetzen

Richtig gepflanzt, haben die Pflanzen im und am Gartenteich einen guten Start und entwickeln sich prächtig. Gitterkörbe und Pflanztaschen sind dabei eine große Hilfe.

GITTERKÖRBE RICHTIG BEPFLANZEN

Zeitbedarf:
10 Minuten bis 1 Stunde

Material:
- Gitterkörbe in verschiedenen Größen mit möglichst engem Gitter
- Teichvlies zum Ausschlagen weitmaschiger Pflanzkörbe
- Substrat (Mischung aus Lehm und Sand im Verhältnis 1:3)
- Sand und Kieselsteine zum Bedecken des Substrats

Werkzeug, Zubehör:
- kleine Pflanzschaufel
- Wassereimer
- Schere zum Abschneiden des Vlieses

Wasserpflanzen können Sie entweder direkt ins Teichsubstrat oder in spezielle Gitterkörbe oder Pflanztaschen setzen (→ Seite 80). Kleinere Pflanzen kann man auch in Gittersteine setzen. Mit Böschungsmatten, die mit und ohne eingewebte Pflanztaschen erhältlich sind, lassen sich auch steile Ufer leicht bepflanzen. Solange ein neu angelegter Teich noch kein Wasser enthält, ist das Bepflanzen relativ einfach. Steigen Sie vorsichtig und ohne Schuhe ins Teichbett und bringen Sie die Pflanzen an Ort und Stelle. Beginnen Sie immer mit den höchsten Pflanzen, die Seerosen werden zuletzt eingesetzt. Schwieriger wird es, wenn der Teich schon Wasser enthält und Sie noch zusätzliche Pflanzen einsetzen möchten. Entweder Sie lassen das Wasser ab, bis Sie die gewünschte Stelle erreichen oder Sie steigen vorsichtig in den wassergefüllten Teich und lassen sich die Pflanzen einzeln reichen.

Über kleine Teiche können Sie eine lange Leiter oder ein Brett legen und von hier aus die Pflanzen einsetzen.
Neu angelegte Teiche werden deshalb am besten noch vor der ersten Wasserfüllung bepflanzt. Damit die Wasserpflanzen die kurze »Trockenzeit« bis zum Befüllen des Teichs auch gut überstehen, sollten sie vorher gründlich gewässert und an warmen Sommertagen zwischendurch immer wieder mit Wasser besprüht werden. Wasserpflanzen können im Prinzip das ganze Jahr über eingesetzt werden, der beste Zeitpunkt ist jedoch Frühjahr und Sommer, wenn auch das Angebot im Fachhandel am größten ist. Im Frühjahr und Herbst können Sie zusätzlich von Auslichtungsaktionen anderer Gartenteichbesitzer profitieren. Sie werden bald Gelegenheit haben, sich zu revanchieren! Bei nicht winterharten Pflanzen wie Muschelblume oder Wasserhyazinthe müssen Sie mit dem Einsetzen in den Teich bis Mitte Mai (nach den Eisheiligen) warten.

Einen Pflanzplan erstellen

Bevor Sie mit dem Einsetzen der Pflanzen beginnen, ist es sinnvoll, eine kleine Skizze vom Gartenteich mit seinen verschiedenen Tiefenzonen und dem Uferbereich anzufertigen und hier den Standort der einzelnen Pflanzen einzutragen. Als Maßstab empfiehlt sich 1:50, d. h. 1 cm in der

> Bepflanzen und pflegen

Zeichnung entspricht 50 cm im realen Teich.
Bepflanzen Sie den Teich möglichst abwechslungsreich. Achten Sie darauf, dass die höchsten Pflanzen von der Betrachterseite aus im Hintergrund stehen, damit sie nicht den Blick auf niedrigere Sumpfpflanzen verdecken. Pflanzen Sie außerdem nur solche Pflanzen nebeneinander, deren Blütenfarben miteinander harmonieren. Stimmen Sie die Blütezeiten der einzelnen Pflanzenarten ab, damit sie nicht alle zur gleichen Zeit, sondern vom Frühjahr bis zum Herbst blühen. So bietet der Teich das ganze Jahr über ein attraktives Bild.

Der richtige Pflanzabstand

Wasserpflanzen neigen dazu, sich rasch auszubreiten. Dennoch sollte die Bepflanzung nicht zu sparsam ausfallen, denn ausreichend viele Pflanzen sind die Voraussetzung für eine gute Wasserqualität, weil sie dem frisch eingefüllten, sehr nährstoffhaltigen Teichwasser Nährstoffe entziehen. Nehmen Sie lieber in Kauf, dass Sie in zwei bis drei Jahren einen Teil der Pflanzen auslichten müssen. Folgende Faustregeln gelten für eine gelungene Bepflanzung der verschiedenen Pflanzebenen:
- **Teichrand:** 6–8 kleinere oder 2–3 größere Pflanzen pro Quadratmeter;
- **Sumpfzone:** 4–6 Pflanzen pro Quadratmeter;
- **Flachwasserzone:** 2–4 Pflanzen pro Quadratmeter;
- **Tiefwasserzone:** Seerosen werden nach Teichgröße be-

1 Pflanzkörbe vorbereiten
Befüllen Sie den Gitterkorb zu einem Drittel mit Substrat (Mischung aus Lehm und Sand im Verhältnis 1:3). Ein Vlies hält das Substrat in weitmaschigen Gitterkörben zurück.

2 Pflanzen einsetzen
Die gewässerte Pflanze wird so in den Korb gesetzt, dass bis zum Rand 6–10 cm freibleiben. Geben Sie feuchtes Substrat dazu und drücken Sie es gut fest. Setzen Sie nur eine Pflanze pro Korb ein.

3 Vliesreste abschneiden
Schneiden Sie die überstehenden Vliesreste mit einer Schere ab und schlagen Sie die Ränder nach innen ein. So sind sie später im Wasser nicht mehr zu sehen.

4 Sand und Kiesel auflegen
Bedecken Sie das Substrat mit einer 2–3 cm dicken Schicht Sand und beschweren Sie es mit einer Lage Kieselsteine, damit es nicht aufschwimmen kann.

Gartenpraxis

rechnet. Für einen 10 m² großen Teich rechnet man je nach Sorte 1–2 Seerosen; bei zwergwüchsigen Sorten können es auch 2–4 Exemplare sein. Das gilt auch für die meisten anderen Tiefwasserpflanzen.
- Pro Quadratmeter Teichfläche pflanzt man außerdem 2–3 Unterwasserpflanzen.

Geeignete Pflanzgefäße

Die Container, in denen Sie die Pflanzen kaufen, können Sie nur für den Transport verwenden. Danach werden die Pflanzen herausgenommen und in andere Gefäße oder direkt in den Teich gepflanzt. Für Wasserpflanzen wie Wasserminze, Langes Zypergras, Gauklerblume oder Zwerg-Rohrkolben sind Pflanzkörbe oder -taschen empfehlenswert. Sie bieten eine Reihe von Vorteilen: Diese wuchsfreudigen Pflanzen werden daran gehindert, sich allzu stark auszubreiten. Außerdem bleiben die Pflanzen mobiler und können später leicht umgesetzt oder zum Überwintern herausgeholt werden.
Damit die Pflanzen in der für sie optimalen Wassertiefe stehen, schichten Sie auf der jeweiligen Pflanzebene Ziegelsteine oder U-Steine aus Beton aufeinander, auf die Sie dann den Pflanzkorb stellen.
Für alle Pflanzgefäße gilt, dass sie ungehinderten Wasserzutritt gewährleisten müssen.

Zum Bepflanzen haben sich folgende Gefäße bewährt:
- **Gitterkörbe**: Pflanzkörbe aus Plastik sind unten und seitlich feinmaschig gelocht. Es gibt sie in vielen verschiedenen Größen und Formen. Sie eignen sich für ebene Stellen im Teich, an denen man einen Korb gut aufstellen kann. Das Gitter sollte möglichst eng sein, damit das Substrat nicht durch die Löcher fällt und ins Teichwasser gelangt. Weitmaschige Gitterkörbe sollten Sie mit Teichvlies ausschlagen.
- **Pflanztaschen** und so genannte **Softkörbe** (→ Abb. unten): Pflanztaschen gibt es aus Kokosfaser, Softkörbe sind aus weichem Lochplastik. Beide eignen sich gut zum Bepflan-

Softkörbe vorbereiten
Geben Sie eine Mischung aus Lehm und Sand in den Softkorb, so dass er zu einem Drittel gefüllt ist. In die Mitte drücken Sie eine Vertiefung für den Wurzelballen.

Pflanzen einsetzen
Setzen Sie die gründlich gewässerte Pflanze in den Softkorb, bedecken Sie den Wurzelballen noch mit etwas Substrat und drücken es gut fest.

Softkörbe zuziehen
Nun wird der Softkorb zugezogen, damit die Pflanze und das Substrat nicht weggeschwemmt werden. Pflanztaschen bindet man einfach mit Bindedraht zu.

> Bepflanzen und pflegen

zen von ebenen Flächen. Pflanztaschen gibt es auch mit Laschen, so dass man sie mittels einem schweren Stein mit der oberen Lasche an einem flachen Ufer befestigen kann.

- **Böschungsmatten:** Sie bestehen aus Kokos- oder Jutefasern. Es gibt sie mit eingewebten Pflanztaschen oder ohne diese Taschen. Auch Matten ohne Taschen können bepflanzt werden, in dem man die Wurzeln der Pflanzen zwischen das Gewebe der Matten steckt. Für größere Pflanzen eignen sich Matten mit Pflanztaschen, in die man Substrat einfüllen kann, besser. Böschungsmatten sind sehr praktisch, um steile Teichzonen zu bepflanzen.
- **Ziegel-** oder **Rasengittersteine:** Die Pflanzen werden einfach ohne Substrat in die Hohlräume dieser Steine eingesetzt. Solche Steine sind besonders für kleinere Pflanzen geeignet und bleiben dank ihres Gewichts gut auf dem Untergrund stehen.

Direkt in den Teich pflanzen

Nicht wuchernde Arten wie Sumpf-Dotterblumen können Sie auch grüppchenweise direkt ins Teichsubstrat pflanzen. Heben Sie ein Pflanzloch aus, das rundum 3–5 cm größer ist als der Wurzelballen. Bei Folienteichen müssen Sie dabei sehr vorsichtig vorgehen, um die Folie nicht zu verletzen. Nun setzen Sie die Pflanze ein und füllen mit etwas Substrat auf.

Das Substrat fest andrücken und anschließend, damit es nicht aufschwimmt, sorgfältig mit einer 2–3 cm dicken Sandschicht und einer Lage Kieselsteinen bedecken.

Seerosen richtig einsetzen

Ein Sonderfall sind See- und Teichrosen: Ihre fleischigen Wurzeln (Rhizome) wachsen waagerecht im Substrat. Deshalb müssen sie waagerecht eingesetzt werden, und zwar so, dass die Blatttriebe nach oben zeigen. Setzen Sie Seerosen am besten in Pflanzkörbe, weil sie stark wuchern. Die Körbe sollten ca. 40 cm Durchmesser haben und 25 cm tief sein.

- Füllen Sie den Korb zu einem Drittel mit Substrat.
- Wässern Sie den Korb einige Minuten in einer Plastikwanne mit Wasser.
- Nun setzen Sie die Pflanze ein und drücken sie fest an. Die Oberkante des Wurzelballens soll mit der Erde abschließen.
- Die Erde zum Schluss mit einer Schicht Sand und einer Lage Kieselsteine abdecken, damit Pflanzen und Erde nicht aufschwimmen.

Seerosen wachsen besser und blühen früher, wenn man sie allmählich an die richtige Wassertiefe gewöhnt: Stellen Sie den Pflanzkorb zunächst auf mehrere übereinander gesta-pelte Ziegelsteine, so dass er nur von einer Wasserschicht von etwa 20 cm bedeckt ist. Diese oberen Wasserschichten sind wesentlich wärmer als

das Tiefenwasser und fördern das Wachstum der Pflanze. Hat die Seerose mehrere Blätter ausgebildet, können Sie nach und nach die Ziegelsteine entfernen, bis die optimale Wassertiefe für die Art erreicht ist.

Unterwasserpflanzen einsetzen

Unterwasserpflanzen werden einfach ins Wasser gelegt. Geben Sie in den neu eingerichteten Teich einfach einige Stängel. Wird der Teich stark gefiltert, binden Sie die Pflanze mit etwas Nylondraht an einen Stein an. Man kann Unterwasserpflanzen auch in Pflanzkörbe setzen, frei schwimmend gedeihen sie aber am besten.

PFLANZTASCHEN RICHTIG BEPFLANZEN

| J | F | M | A | M | J | J | A | S | O | N | D |

Zeitbedarf:

10–30 Minuten

Material:

- pro Pflanze je eine Pflanztasche oder einen Softkorb
- Substrat (Mischung aus Lehm und Sand im Verhältnis 1:3)

Werkzeug, Zubehör:

- kleine Pflanzschaufel
- Bindedraht
- Wassereimer zum Wässern der Pflanzen

2 Gartenpraxis

> PRAXIS

Pflanzenvielfalt durch Vermehrung

Teichpflanzen vermehrt man durch Teilung, Aussaat oder Ausläufer. Tauschen Sie mit anderen Teichbesitzern – so bekommen Sie ein breites Spektrum attraktiver Wasserpflanzen.

PFLANZEN VERMEHREN

Zeitbedarf:

je nach Pflanze 5 Minuten bis 2 Stunden

Jahreszeit:

Je nach Pflanzenart und Methode unterschiedlich. Teilung: Frühjahr und Herbst. Ableger und Aussaat: nach der Blüte.

Material:

- Holz- oder Aktivkohle
- Bast

Werkzeug, Zubehör:

- scharfes Gartenmesser oder Hippe
- Grabegabel
- Spaten
- Tontopf
- Gartenschere

Die meisten Teichpflanzen wachsen rasch und üppig. Sie lassen sich leicht vermehren, so dass man preiswert an gute Pflanzen kommt.

Pflanzen teilen

Das **Teilen von Stauden** ist nicht nur einfach, sondern aus vielen Gründen sinnvoll: Die Pflanze wird nicht nur vermehrt, sondern das Breitenwachstum wird eingedämmt. Gleichzeitig wirkt das Teilen als »Verjüngungskur«, wenn Polster oder Horste verkahlen. Zusätzlich fördert es die Blühwilligkeit vieler Stauden und verlängert die Lebensdauer kurzlebiger Arten. Der beste Zeitpunkt zum Teilen von Stauden sind die Monate August bis Oktober sowie März und April.

- Graben Sie den gesamten Wurzelballen der Pflanze vorsichtig aus bzw. heben Sie ihn mit der Grabegabel aus der Erde. Dabei darf weder die

Teichfolie noch der Wurzelballen verletzt werden.

- Zerteilen Sie die Pflanze mit dem Spaten in ein oder mehrere Stücke (→ Seite 89, Abb. 1). Bei manchen Arten kann man den Wurzelballen auch einfach mit den Händen auseinander ziehen. Verletzte Pflanzen- und Wurzelteile schneidet man mit einem scharfen Messer oder einer Gartenschere ab, damit sie Krankheitskeimen keine Angriffstelle bieten.
- Pflanzen Sie die Teilstücke am gewünschten Platz wieder ein. Da jeder Teil bewurzelt ist, gelingt das Anwachsen in der Regel schnell.
- **Unterwasserpflanzen teilen:** Die Vermehrung frei im Wasser schwimmender, unbewurzelter Wasserpflanzen gelingt besonders einfach: Sie brechen einfach ein Stückchen der Pflanze ab und werfen es an anderer Stelle wieder ins Wasser. Aus dem Teilstück entwickelt sich rasch wieder eine komplette Pflanze. Die Teilung von Unterwasserpflanzen ist den ganzen Sommer hindurch möglich.

Rhizome teilen

Pflanzen wie Seerosen oder Iris bilden lange und dicke unterirdische Sprosse mit Seitenästen aus, so genannte Rhizome, an denen die feinen Wurzeln herabhängen. Teilt man dieses Rhizom in Einzelstücke, kann man solche Pflanzen einfach vermehren.

Seerosen z. B. vermehrt man am besten nach der Hauptblüte von September bis Oktober.

> Bepflanzen und pflegen

Auch im Frühjahr ist die Teilung noch möglich, sie sollte aber bis April erfolgt sein. Später geteilte Seerosen überleben diese Prozedur meist nicht.
- Nehmen Sie die Seerose mit Pflanzkorb aus dem Wasser.
- Schneiden Sie mit einem scharfen Gartenmesser oder der Hippe junge Seitenäste des Rhizoms ab (→ Abb. 2). Bei nicht in Körbe gepflanzten Seerosen ertastet man die Rhizome im Substrat und schneidet ein Stück ab.
- Die Schnittstellen müssen zum Schutz vor eindringenden Keimen mit Holz- oder Aktivkohle bestäubt werden.
- Pflanzen Sie die einzelnen Rhizomstücke wieder ein.

Weitere Vermehrungsarten

- **Ableger:** Wasserpflanzen wie Pfennigkraut oder Seekanne breiten sich durch Ausläufer aus, an denen sich kleine, bewurzelte Pflänzchen, die Ableger, bilden. Diese trennt man ab und pflanzt sie an anderer Stelle wieder ein (→ Abb. 3).
- **Samen:** Wenn Sie Samen ernten möchten, sollten Sie die Blüten voll ausreifen lassen, bis die Samenkapseln prall und braun sind. Zur Direktaussaat knicken Sie den Stängel der Pflanze ab und schütteln die ausfallenden Samen neben der Mutterpflanze auf die Erde. Möchten Sie die Pflanzen vorziehen (→ Abb. 4), fangen Sie die Samen mit einer Folie oder einem Behälter auf und säen sie dann in einem Topf aus.

1 Stauden teilen
Mit einer Schaufel oder einem Spaten teilen Sie die Staude samt Wurzelballen je nach Größe in zwei oder mehrere Stücke. Jedes Teilstück kann sofort wieder eingepflanzt werden.

2 Rhizompflanzen vermehren
Teilen Sie das dicke Rhizom von Seerosen mit einem scharfen Messer. Faulige Stellen sollten entfernt und alle Schnittstellen mit Holz- oder Aktivkohle bestäubt werden.

3 Ableger gewinnen
Trennen Sie Ableger so ab, dass von der Wurzel eine Handbreit vor und eine Handbreit hinter dem Ableger stehen bleibt. Dann wird das Pflänzchen wieder eingesetzt.

4 Pflanzen aussäen
Geben Sie die Samen in einen mit Erde gefüllten Tontopf, besprühen Sie sie mit Wasser und decken Sie sie dann mit Erde ab. Sind die Samen gekeimt, pflanzen Sie die Pflänzchen aus.

Gartenpraxis

So gedeihen Ihre Teichpflanzen

Pflanzen im und um den Gartenteich brauchen nur wenig Pflege: Sie sollten sie nur ab und zu zurückschneiden, damit der Teich nicht verlandet. Mit etwas Schutz kommen die Pflanzen gut über den Winter.

Am Gartenteich sind ebenso wie in jedem Blumenbeet gewisse Eingriffe notwendig. Besonders wichtig ist es, am Teich dafür zu sorgen, dass Verwelktes und Abgestorbenes entfernt wird, bevor es zu Boden sinkt und sich hier zu einer Schicht Faulschlamm ansammelt. Denn dieses unerschöpfliche Reservoir an Nährstoffen würde anschließend nicht nur die Wasserpflanzen noch stärker wuchern lassen, sondern vor allem zu übermäßigem Algenwachstum führen.

Ansonsten gilt für den Gartenteich: Je weniger Sie eingreifen, umso besser. Zu große Reinlichkeit schadet dem biologischen Gleichgewicht, weil man mit jedem »Großputz« auch die äußerst nützlichen Mikroorganismen beseitigt. Lassen Sie deshalb im Frühjahr oder Herbst das Wasser des Teichs nicht ab, um ordentlich »rein« zu machen. Solche grundlegenden Sanierungen sind nur zu empfehlen, wenn das biologische Gleichgewicht im Teich tatsächlich »umgekippt« ist (→ Seite 73) oder wenn ein Teich jahrelang sich selbst überlassen wurde und daher komplett zugewuchert ist.

Ab Mai, wenn die sonnenhungrigen Wasserpflanzen ihre volle Pracht entfalten, sollten Sie so wenig wie möglich tun. Pflanzen und Tiere wollen sich jetzt ungestört entfalten – dies ist eine gute Gelegenheit für Sie, sie dabei zu beobachten.

Die warme Jahreszeit sollte daher als Ruhezeit am Teich verstanden werden. Jetzt finden nur kleinere Pflegemaßnahmen statt, die wirklich unbedingt notwendig sind.

Allgemeine Pflege

- Entfernen Sie regelmäßig abgestorbene Pflanzenteile, damit das Teichwasser nicht mit überschüssigen Nährstoffen angereichert wird.
- Entfernen Sie kranke und von Schädlingen befallene Blätter möglichst rasch.
- Fischen Sie auch Algen und Wasserlinsen regelmäßig aus dem Wasser ab.
- Vergessen Sie auch nicht, in trockenen Sommern die Uferpflanzen gründlich zu wässern, damit sie keinen Schaden nehmen.

Auspflanzen

- Ab Ende April, Anfang Mai können Sie nachpflanzen und Lücken im Pflanzenbestand schließen. Nicht winterharte Pflanzen sollten, damit sie keine Frostschäden erleiden, erst nach den Eisheiligen (Ende Mai) in den Teich gesetzt werden.
- Im Frühjahr ist auch der richtige Zeitpunkt, alte Teichpflanzen umzupflanzen.
- Setzen Sie die wärmebedürftigen Seerosen aus dem Winterquartier zunächst ins flache Wasser, dann blühen sie früher.
- Damit es am Teich im kommenden Jahr schon ganz früh blüht, können Sie bereits im

Hohe Gräser bindet man im Winter wie ein Indianerzelt zusammen; zurückgeschnitten wird im Frühjahr.

> Bepflanzen und pflegen

Um dem Wasser überschüssige Nährstoffe zu entziehen, entfernen Sie regelmäßig abgestorbene und stark wuchernde Pflanzen.

Herbst verschiedene Blumenzwiebeln an den trockenen Uferrändern einsetzen.

Schneiden und auslichten

- Schneiden Sie Schilf und andere Röhrichtpflanzen am besten ganz früh im Jahr zurück, weil zwischen ihnen schon ab März Frösche und Kröten ihre Eier ablegen. Die Stängel werden knapp oberhalb der Wasseroberfläche abgeschnitten. Achten Sie dabei darauf, dass die jungen Triebe, die jetzt schon zu sehen sind, nicht verletzt werden.
- Im Frühjahr ist es auch Zeit, Sumpf- und Wasserpflanzen auszulichten. Gehen Sie beim Herausreißen von Schilf und Rohrkolben jedoch sehr vorsichtig vor, damit die Teichfolie nicht versehentlich zusammen mit dem Wurzelfilz der Pflanzen herausgerissen wird.
- Stark wuchernde Pflanzen sollten Sie bereits im Sommer vorsichtig auslichten, so finden auch die weniger stark wüchsigen Arten genügend Platz, um sich auszubreiten.
- Im Herbst ist es Zeit, Pflanzen, die zu stark gewachsen sind, zurückzuschneiden oder auszulichten. Zum Jahresende müssen alle Unterwasserpflanzen um 90 % reduziert werden, damit die Nährstoffe aus dem Teich entfernt werden.
- Seerosen sollten Sie ab Oktober bis auf einige wenige Blätter zurückschneiden, damit ihre verwelkten Blätter sich nicht am Teichgrund ansammeln und sich aus ihnen Faulschlamm bilden kann.
- Schneiden Sie verwelkte Blüten der am Ufer wachsenden Pflanzen regelmäßig ab. Dies fördert die Nachblüte.

Pflanzen richtig überwintern

Wenn die Blühsaison ausklingt, können Sie damit beginnen, die Vorbereitungen für den Winter zu treffen und das nächste Gartenteich-Jahr vorzubereiten. Dazu gehören folgende Arbeiten:
- Lassen Sie Röhrichtpflanzen stehen, sie sorgen für eisfreie Stellen im Teich.
- Empfindliche und hochwüchsige Pflanzen können entweder wie ein Indianerzelt oben zusammengebunden werden oder man knickt sie 50 cm über dem Boden ab und lässt sie bis zum Frühjahr liegen. Sie dienen als Frostschutz für den Wurzelansatz der Pflanze.
- Teichpflanzen, die keinen Frost vertragen, müssen Sie entweder in geeignete Gefäße mit Wasser setzen und an einer kühlen Stelle im Haus überwintern. Ist der Teich tief genug, können Sie sie aber auch in tieferes, frostfreies Wasser stellen.
- Tropische Wasserpflanzen wie die Muschelblume müssen vor dem ersten Frost aus dem Wasser geholt werden und im Haus überwintern. Sie brauchen Temperaturen von mindestens 15 °C.
- Heimische Pflanzen wie Zottiges Weidenröschen, Wasserdost, Sumpf-Storchschnabel oder Königsfarn (→ Seiten 108–110) und Tiere sind an unsere Winter angepasst und vertragen es auch problemlos, wenn der Teich im Winter von einer Eisschicht bedeckt ist. So macht es heimischen Wasserpflanzen nichts aus, bis auf die Wurzeln durchzufrieren. Nur empfindliche Pflanzen wie das Mammutblatt oder den Zwergbambus müssen Sie mit einem Winterschutz aus Reisig oder Laub versehen.

Gartenpraxis

So fühlen sich Ihre Fische wohl

Fische strahlen Ruhe aus, manche Arten werden dem Menschen gegenüber sogar zutraulich. Sollen Fische den Gartenteich bewohnen, muss der Teich speziell auf ihre Bedürfnisse abgestimmt sein.

Für welche Fische Sie sich entscheiden, hängt zum einen davon ab, wie groß Ihr Teich ist (→ Seite 26), zum anderen davon, wieviel Zeit Sie in die Pflege der Tiere investieren wollen. Möchten Sie in Ihrem Teich in erster Linie Fische halten und pflegen, können Sie aus vielen verschiedenen Fischarten wählen, und zwar sowohl heimischen als auch tropischen. Fische aus warmen Regionen müssen im Winter allerdings in einem Aquarium im Haus gehalten werden. Informieren Sie sich in jedem Fall vorher über die speziellen Bedürfnisse der betreffenden Fischarten. So ersparen Sie sich spätere Enttäuschungen mit kranken oder sterbenden Fischen. Wenn Sie viele Fische halten möchten und diese auch füttern wollen, sind Filter und Pumpen wichtig, da sie für sauberes Wasser sorgen.

Welche Fische eignen sich?

Sollen die Fische eine Ergänzung in einem reich bepflanzten Teich sein, sollte der Teich eine Mindestgröße von 6 m² haben und an einer Stelle 80 cm tief sein. Eine reiche Bepflanzung sorgt für die Produktion von ausreichend Sauerstoff.
■ Für Gartenteiche eignen sich kleinere, heimische Fischarten wie Dreistachliger Stichling, Bitterling, Moderlieschen, Gründling, Karausche, Rotauge, Rotfeder und Ukelei.
■ Aber auch gezüchtete Fische, die etwas mehr Farbe in den Teich bringen, fühlen sich hier durchaus wohl. Infrage kommen Goldfische, Blau- oder Goldorfen sowie Goldschleien. Goldorfen sind besonders zu empfehlen, weil sie die Larven von Stechmücken fressen. Diese Arten werden alle zwischen 30 und 40 cm groß. Viele dieser Fischarten sind Schwarmfische und fühlen sich in Gesellschaft von sechs bis acht Tieren am wohlsten.
■ Von den tropischen Arten eignen sich z. B. Paradiesfisch bzw. Makropode (*Macropodus opercularis*), Perlcichlide (*Herichthys cyanoguttatus*), Zebrabärbling (*Brachydanio rerio*), Floridakärpfling (*Jordanella floridae*) oder Valenciakärpfling (*Valencia hispanica*).
■ Setzen Sie nicht zu viele Fische in den Teich, da sich sonst das biologische Gleichgewicht nicht aufrecht erhalten lässt. Die Fische sollten auch ohne zusätzliche Fütterungen im Wasser genug zu fressen finden. Ist der Fischbesatz

Tipp

FISCHE SICHER AUF REISEN

Werden Fische in mit Wasser gefüllten Plastiktüten transportiert, darf der Sauerstoff im Wasser nicht zu knapp werden. Daher sollte die Tüte zu einem Drittel Wasser und zu zwei Dritteln Luft enthalten. Aus dieser wird der Sauerstoff ersetzt, den die Fische veratmen. Zum Befüllen (Zoofachhändler) Druckluft oder reinen Sauerstoff verwenden.

> Bepflanzen und pflegen

doch höher, wird die Wasserqualität durch den Fischkot beeinträchtigt. Dann hilft eine ausreichend große Filteranlage, die Wasserqualität zu erhalten.
■ Werden Fische in einem reich bepflanzten, naturnahen Teich in geringer Zahl gehalten, kann der Teich ohne Filter und Pumpen auskommen. Im Sommer ist es jedoch meist günstig, für zusätzlichen Sauerstoff zu sorgen, z. B. durch einen kleinen Bachlauf (→ Seiten 52–55) oder durch Einsetzen eines Oxydators (→ Seite 73).

Fische transportieren und einsetzen

Damit Fische auf dem Weg von der Zoofachhandlung zum Gartenteich keinen Schaden erleiden, müssen sie fachgerecht transportiert werden.
■ Sie können die Fische entweder in großen Plastiktüten, in Eimern oder in Wannen transportieren. Wichtig ist dabei, dass die Tiere immer ausreichend Sauerstoff bekommen (→ Tipp).
■ Stellen Sie die Behälter mit den Fischen auf der Fahrt nach Hause an einen möglichst schattigen, kühlen Platz im Auto, damit sich das Wasser nicht zu sehr aufwärmt. Warmes Wasser enthält weniger Sauerstoff als kühles. Zur Not können Sie auch feuchte Tücher über die Transport-Tüte legen.
■ Die Fische sollen mindestens einen Tag vor dem Transport nicht mehr gefüttert werden, damit das Transportwasser länger sauber bleibt.

■ Fische reagieren sehr empfindlich auf wechselnde Wassertemperatur und -qualität. Nehmen Sie sich deshalb beim Einsetzen neu erworbener Fische Zeit. Zur langsamen Eingewöhnung lassen Sie zunächst nur wenig Teichwasser in den Transportbehälter laufen. So können sich Temperatur und Wasserwerte in etwa angleichen. Nun können Sie mehr Teichwasser nachfüllen. Nach etwa ein bis eineinhalb Stunden können Sie die Tiere in ihr neues Zuhause entlassen.

Wann können Fische in den Teich?

Ein neu angelegter Teich, in dem sich ein biologisches Gleichgewicht einstellen soll, darf nicht sofort mit Fischen besetzt werden. In einem jun-

Fischteiche sind ein Ruhepol im Garten. Eine reiche Bepflanzung versorgt die Tiere mit lebenswichtigem Sauerstoff.

Gartenpraxis

gen Gewässer gibt es weder für Pflanzenfresser noch für räuberische Fische genügend zu fressen, daher muss zugefüttert werden. Futterreste und Fischkot belasten jedoch den neuen Teich mit Nährstoffen und das zu einem Zeitpunkt, an dem der Teich ohnehin schon mit dem nährstoffreichen Wasser der Erstbefüllung zu »kämpfen« hat. Warten Sie daher mit

Der kleinbleibende Gründling säubert den Teichgrund von organischen Abfällen.

dem Einsetzen der Fische, bis sich das biologische Gleichgewicht weitestgehend eingestellt hat und es in Ihrem Teich nicht mehr zu größeren Algenblüten kommt. Das kann mehrere Monate bis zu einem Jahr dauern. Wenn Sie dann nicht allzu viele Fische einsetzen, kann das biologische Gleichgewicht langfristig stabil bleiben und die Fische finden immer genug Futter.

Fische richtig pflegen

Wenn Sie nur wenige, kleine Fische im Teich halten, ist ein zusätzliches Füttern nicht notwendig. Insektenlarven, Spinnen und Krebse, aber auch Pflanzen und Samen sorgen für ein reiches Nahrungsangebot. Weil den meisten Teichbesitzern das Füttern der Fische aber Spaß macht, können Sie Lebendfutter aus dem Zoofachhandel geben, das meist tiefgefroren angeboten wird. Wasserflöhe, Mückenlarven und Tubifex werden von kleineren Fischen gern gefressen. Sie können tiefgekühlt gut aufbewahrt und portionsweise verfüttert werden.

Leben mehrere und größere Fische in Ihrem Gartenteich, müssen sie regelmäßig gefüttert werden, da sie sonst verhungern würden. Der Zoofachhandel bietet eine Auswahl geeigneter Futtersorten.

- Füttern Sie am besten einmal täglich und möglichst immer zur gleichen Tageszeit. Füttern Sie nur so viel, wie die Fische in 10 Minuten fressen,

da ungenutzte Futterreste am Teichgrund zu faulen beginnen und die Wasserqualität verschlechtern. Besonders gefräßige Fische wie Goldfische suchen auch noch dann nach Futter, wenn sie schon satt sind. Ein wöchentlicher Fastentag ist ratsam.

Fische richtig überwintern

In einem Teich mit wenigen heimischen Fischen brauchen Sie keine Vorkehrungen zum Überwintern zu treffen, vorausgesetzt, der Teich ist an einer Stelle mindestens 80 cm tief. Der Teich friert nicht bis in diese Tiefe durch und die Tiere können sich im Winter in diese frostfreie Tiefenzone zurückziehen. Stehen außerdem genügend Röhrichtpflanzen wie Schilf am Ufer, ist der Gasaustausch gewährleistet, denn die Stängel der Pflanzen wirken wie Strohhalme und sorgen auch bei geschlossener Eisdecke dafür, dass Faulgase entweichen können und die Fische mit Sauerstoff versorgt werden. In diesem Fall können die Fische

---

Checkliste

EINEN GESUNDEN FISCH ERKENNEN

- ✔ Der Fisch steht ruhig im Wasser mit dem Kopf gegen die Strömung und der Körper ist unverletzt.
- ✔ Die Augen sind klar, gleich groß und treten nicht hervor.
- ✔ Die Atmung ist gleichmäßig, nicht heftig und schnell.
- ✔ Die Schleimhaut ist transparent, nicht milchig, weiß gepunktet oder watteartig.
- ✔ Die Flossen sind unverletzt und nicht ausgefranst.
- ✔ Die Schuppen sind vollzählig, liegen an und glänzen.

> Bepflanzen und pflegen

Der Dreistachlige Stichling fühlt sich in naturnahen Teichen wohl; sofern sie eine Mindesttiefe von 80 cm haben, können die Fische darin problemlos überwintern.

ohne Hilfe über den Winter kommen. Ab einer Wassertemperatur von etwa 12 °C sollten Sie jedoch die Fütterung einstellen. Denn der Stoffwechsel der Tiere ist im Winter so verlangsamt, dass sie keine Nahrung mehr aufnehmen müssen. Wenn im Frühjahr die Wassertemperatur wieder auf über 12 °C steigt, können Sie nach und nach wieder mit der Fütterung der Fische beginnen. Stehen jedoch nicht ausreichend Röhrichtpflanzen am Ufer, sollten Sie einen Eisfreihalter einsetzen (→ Seite 73). Dieses Gerät leistet gute Dienste, indem es dafür sorgt, dass der Teich zumindest teilweise eisfrei bleibt und so ein regelmäßiger Gasaustausch zwischen Wasser und Luft stattfindet.

Ist der Teich nicht tief genug, leben zu viele Fische darin, oder handelt es sich um empfindliche Arten, müssen die Tiere in geeigneten Aquarien im Haus überwintern. Der Standort sollte frostsicher, aber nicht zu warm sein. Ideal sind Temperaturen von 14–18 °C. Wollen Sie die Fische im Frühling in den Teich zurücksetzen, achten Sie unbedingt darauf, dass die Temperaturdifferenz nicht mehr als zwei oder drei Grad beträgt.

Krankheiten erkennen

Beobachten Sie Ihre Fische regelmäßig. Ist ein Fisch krank, erkennen Sie dies an seinem veränderten Verhalten. Er ist nicht so aktiv wie sonst und zieht sich zurück.
Kranke Fische (→ Seite 99) verweigern die Nahrungsaufnahme, atmen schneller und scheuern sich oft an harten Gegenständen wie Steinen. Die meisten Fischkrankheiten gehen außerdem mit Hautveränderungen wie Wunden und Trübungen einher. Auch ausgefranste Flossen und Abmagerung sind Anzeichen für eine Krankheit (→ Seite 103).

2 Gartenpraxis

Teichpflege rund ums Jahr

Die ersten Blüten im Frühling, Libellen im Sommer, vom Raureif überzogene Pflanzen im Winter: Der Gartenteich hat zu jeder Jahreszeit seine Reize, er erfordert jedoch regelmäßige Pflegemaßnahmen.

Mit der Anlage des Teichs ist die meiste Arbeit zwar getan, doch auch im Lauf des Jahres fallen wichtige Pflegemaßnahmen an. In jedem Fall sollte man den Gartenteich regelmäßig kontrollieren und beobachten. Wer dies täglich tut, dem werden Veränderungen im Teichleben sofort auffallen. Bei vielen kleinen und größeren Pflegemaßnahmen am Teich geht es darum, dem Wasser so viele Nährstoffe wie möglich zu entziehen. Sei es in Form abgestorbener Pflanzenteile, Algenmatten, Laub oder Pollen, die auf dem Wasser schwimmen. Sinken sie erst einmal zum Teichgrund, bilden sie hier bald eine dicke Schicht Faulschlamm: Ein unendliches Reservoir unerwünschter Nährstoffe – die Grundlage für starkes Algenwachstum.

Achten Sie auch auf den Sauerstoffgehalt. An heißen Sommertagen können sich kleine Teiche schnell aufheizen und Algen vermehren sich rasend schnell. Den Fischen und anderen Tieren geht es immer schlechter. Leiten Sie Frischwasser in den Teich. Als Notfallmaßnahme hilft auch ein Oxydator (→ Seite 73).

Allgemeine Pflege

■ Sehen Sie im Frühjahr nach, ob Frost oder Eis im Winter Schäden verursacht haben.
■ Überprüfen Sie den Teichrand: Ist die Folie noch überall abgedeckt und so vor schädigenden UV-Strahlen geschützt?
■ Kontrollieren Sie auch, ob der Zulauf des Bachs noch funktioniert und ob die Bachränder in Ordnung sind.
■ Für Gewässerumbau- und Ausbaumaßnahmen ist das Frühjahr die richtige Zeit.
■ Achten Sie im Sommer auf den Wasserstand. An heißen Tagen verdunstet viel Wasser, es muss regelmäßig nachgefüllt werden. Damit die Lebewesen im Teich keinen Schock bekommen, müssen Sie kaltes Leitungswasser temperieren, indem Sie es durch einen Brauseaufsatz auf den Teich regnen lassen. Dabei wird es zugleich mit Sauerstoff angereichert.

Das Herausrechen von Algen zählt zu den regelmäßigen Pflegemaßnahmen am Teich.

> Bepflanzen und pflegen

Röhricht lässt man im Winter stehen; durch die hohlen Stängel entweichen Faulgase aus dem Teich.

- Beträgt die Wassertemperatur im Sommer über 28 °C, sollten Sie die Temperatur absenken und den Sauerstoffgehalt erhöhen, indem Sie Frischwasser in den Teich leiten oder, wenn möglich, den Teich beschatten. Auch Wasserspiele reichern das Wasser mit Sauerstoff an.
- Kontrollieren Sie, vor allem nach längeren Regenfällen, die Wasserqualität mit handelsüblichen Testsets. Durch sauren Regen kann sich der pH-Wert des Teichwassers verändern. Setzen Sie, wenn nötig, ein im Fachhandel erhältliches Mittel ein, um den pH-Wert wieder auf den optimalen Wert von pH 6–7 einzustellen.

Reinigung

- Entfernen Sie das ganze Jahr über mit Rechen und Kescher Laub, abgestorbene Pflanzen und Algen aus dem Wasser und auch vom Teichgrund.
- Bei Teichen, die sehr nahe an Bäumen stehen, so dass vor allem im Herbst Laub in das Wasser fällt, ist es sinnvoll, ein Laubschutznetz aufzuspannen.
- Prüfen Sie, ob der Frühlingsregen nährstoffreichen Humus in den Teich spült.
- Hat sich in der Tiefenzone eine zu dicke Schicht Faulschlamm angesammelt, sollte der Schlamm mit Eimer und Schaufel oder einem Schlammsauger entfernt werden. Diese Maßnahme (→ Seite 73) sollten Sie aber nur im äußersten Notfall durchführen, da dabei die am Teichgrund lebenden Kleinstlebewesen zerstört werden.

Geräte warten

- Im Frühjahr können Sie Pumpen, Filter und Beleuchtung wieder einbauen und in Betrieb nehmen. Zuvor sollten Sie alle technischen Geräte gründlich reinigen.
- Den Filter sollten Sie das ganze Jahr regelmäßig reinigen.
- Vor dem ersten Frost müssen Pumpen, Filter und Schwimmleuchten aus dem Teich genommen und nach gründlicher Reinigung frostfrei gelagert werden. Tauchpumpen und Filter überwintert man am besten in einem Eimer mit Wasser, da sie nicht austrocknen dürfen.

Tipps für den Winter

- Auch im Winter muss der Luftaustausch zwischen Wasser und Luft gewährleistet sein. Wenn keine Röhrichtpflanzen am Teichrand stehen, die mit Ihren hohlen Stängeln den Gasaustausch ermöglichen, können Sie einen Eisfreihalter einsetzen. Ist der Teich flacher als 80 cm und überwintern Frösche und Fische darin, sollten Sie in jedem Fall einen Eisfreihalter verwenden.
- Betreten Sie das Eis möglichst nicht, Lärm und Druckwellen schaden Pflanzen und Tieren. Schlagen Sie niemals ein Loch ins Eis. Sie wecken damit die Tiere vorzeitig aus dem Winterschlaf, was ihren Tod bedeuten kann.

Checkliste

SO WIRD DER TEICH WINTERFEST

✔ Ist das Wasser vollständig aus allen Zu- und Ableitungen abgelaufen?

✔ Sind Pumpen und Filter abgebaut und sachgerecht gelagert?

✔ Ist der Eisfreihalter eingesetzt, damit ein regelmäßiger Gasaustausch möglich ist?

✔ Ist der Oxydator bereit und fertig gefüllt?

✔ Sind empfindliche Pflanzen und Tiere gut untergebracht?

97

Gartenpraxis

› FRAGE & ANTWORT

Expertentipps zum Pflanzen und Pflegen

Ist das Teichwasser voller Algen? Suchen Sie eine Seerose für einen bestimmten Standort? Oder graben Ihre Fische Wasserpflanzen aus? Für all diese Fragen rund um die Pflege von Teich, Pflanzen und Fischen gibt es kompetenten Rat und rasch wirkende Maßnahmen.

? Leider ist der Rand meines Fertigbeckens sichtbar, ich würde ihn gern verdecken. Welche Pflanzen sind dafür geeignet?

Unter den Sumpfpflanzen gibt es einige Arten, die besonders schnellwüchsig sind und auch gern in die trockeneren Uferbereiche vordringen. Das macht sie besonders dafür geeignet, den Teichrand zu überwuchern. Das heimische Pfennigkraut *(Lysimachia nummularia)* verdeckt kahle Uferränder innerhalb eines Sommerhalbjahres und vermag ebenso gut im angrenzenden, trockenen Beet zu wachsen. Es gibt unterschiedliche Sorten dieser Pflanze, die sich in der Färbung ihrer Blätter unterscheiden. Weitere gut geeignete Sumpfpflanzen sind z. B. das blaue Sumpf-Vergißmeinnicht *(Myosotis palustris)* sowie die Sumpfkalla *(Calla palustris)* mit sehr apart geformten weißen Blüten. Am Ufer überdecken Frauenmantel *(Alchemilla mollis)* und Eidechsenschwanz *(Houttuynia cordata)* kahle Stellen.

? In meinem Teich wachsen Fadenalgen. Was kann ich dagegen tun?

Fadenalgen können relativ gut mechanisch entfernt werden. Dazu wird ein rauer Holzstab oder ein Gerät mit Bürsten aus dem Fachhandel benutzt, auf dem die Algen aufgewickelt werden. Durch spezielle Granulate, die Sauerstoff entwickeln und einfach auf die Fadenalgenbestände gestreut werden, lösen sich diese vom Boden und können mit dem Kescher entfernt werden. So werden auch alle treibenden Algenpolster aus dem Wasser entfernt.

? Welche Pflanzen kann ich einsetzen, um das Wasser in meinem Teich zu klären?

Die besten Pflanzen zur Klärung des Gartenteichs sind unscheinbar und wachsen unter Wasser. Diese Unterwasserpflanzen binden einerseits Nährstoffe, reichern aber andererseits das Wasser mit Sauerstoff an. Für den kleinen Teich geeignet sind Quirliges Tausendblatt *(Myriophyllum verticillatum)*, Hornkraut *(Ceratophyllum demersum)* und Kleines Laichkraut *(Potamogeton pusillus)*. In größere Teiche können auch stärker wuchernde Arten wie Wasserpest *(Elodea canadensis)* und Grundnessel *(Hydrilla verticillata)* eingesetzt werden.

? Ich möchte eine Röhrichtzone in meinem Teich anlegen, aber Schilf und Rohrkolben sind für meinen Garten zu groß. Welche kleinwüchsigen Arten sind empfehlenswert?

Für kleinere Teiche sollten Sie den nur 75 cm hohen Zwerg-Rohrkolben *(Typha minima)* wählen. Zu dieser schönen und anspruchslosen Art passen die Horste des 70–100 cm hohen Ästigen Igelkolbens *(Sparganium erectum)*. Beide Pflanzen bilden dekorative Fruchtstände, sollten jedoch, da sie stark wuchern, unbedingt in Pflanzkörbe gesetzt werden.

? **Gibt es winterharte Seerosen, die auch für schattige Teichzonen geeignet sind?**

Ja, spezielle winterharte Seerosen-Züchtungen kommen auch im Halbschatten zur Blüte. Zu den größeren Sorten zählt die feuerrote Froebels Seerose (*Nymphaea* 'Froebelii') sowie die weiß blühende Hermine (*N.* 'Hermine'). Für kleinere, beschattete Teiche eignet sich die Sternförmige Zwergseerose (*N. tetragona*, syn. *N. pygmaea alba*) sowie die duftende Rosennymphe (*N. odorata*).

? **Ich bin häufig auf Reisen. Kann eine Freundin meine Fische problemlos betreuen und was muss sie dabei beachten?**

Wenn Sie einen Urlaub bis zu zwei Wochen planen, können Ihre Fische in dieser Zeit auch einmal ohne Futter auskommen. Urlaubspfleger neigen erfahrungsgemäß dazu, zu viel zu füttern, dadurch verschlechtert sich oft die Wasserqualität. Meist fressen die Fische eher zu viel als zu wenig, so dass ihnen eine Fastenzeit nicht schadet. Verreisen Sie länger als zwei Wochen, kann Ihre Freundin die Fische nach dieser Fastenzeit mit vorher abgepackten Portionen füttern.

? **Immer wieder finde ich in meinem Teich herumliegende Wasserpflanzen, die von Fischen ausgewühlt wurden. Was kann ich dagegen tun?**

Es gibt Fischarten, die ihr Futter grundsätzlich am Boden suchen. Man nennt das »gründeln«. Es bleibt nicht aus, dass dadurch der Boden aufgewühlt und häufig auch die Wurzeln von Wasserpflanzen freigelegt werden. Setzen Sie die Pflanzen zum Schutz in Pflanzkörbe und bedecken Sie diese zusätzlich mit Kieselsteinen.

? **Die Blätter meiner Seerose weisen zahlreiche braune Flecken auf. Was ist das und kann ich etwas dagegen tun?**

Seerosen können von verschiedenen Schädlingen wie Seerosenzünslern oder dem Seerosenblattkäfer befallen werden. Der Käfer frisst die typischen braun werdenden Gänge in die Blätter von Seerosen. Die Larven des Seerosenzünslers sitzen in kleinen Taschen am Blattrand. Auf den Einsatz von Pflanzenschutzmitteln sollten Sie im Teich jedoch generell verzichten, um das sensible Ökosystem nicht zu schädigen. Erlaubt sind nur mechanische Methoden: Entfernen Sie befallene Blätter bei den ersten Anzeichen.

? **Wir haben auf einmal ganz viele schwarze Fische in unserem Teich, obwohl wir nur Goldfische eingesetzt haben. Was kann das sein?**

Fische geraten nicht selten unbeabsichtigt in den Teich, z. B. mit Wasserpflanzen, die Sie im Frühjahr gekauft haben und an denen Fischeier haften. Auch Vögel können in ihrem Gefieder Fischeier in den Teich schleppen. In Goldfischteichen handelt es sich jedoch bei vielen kleinen, schwarzen Fischchen meist um den Nachwuchs der Goldfische. Diese können nämlich in den ersten ein bis zwei Lebensjahren vollkommen schwarz sein und färben sich erst später um.

FISCHPARASITEN ERKENNEN UND BEHANDELN

Fische werden oft von lästigen Parasiten wie Läusen und Blutegeln befallen. Da sie sehr unangenehm sind, versuchen die Fische, sie durch Scheuern an harten Gegenständen wieder loszuwerden.

- **Fischläuse:** Die Fischlaus der Gattung *Argulus* ist ein bis zu 7 mm großer Krebs, der mit seinem Stachel die Haut des Fisches durchdringt und Blut saugt. Auf der Haut sind kleine, rote Einstiche zu erkennen. Beim Einstich injiziert die Fischlaus für den Fisch schädliche Verdauungssäfte. So kann ein stärkerer Befall mit Fischläusen oder wiederholtes Saugen an kleinen Fischen sogar zum Tod der Fische führen.
  Behandlung: Fangen Sie befallene Tiere und sammeln Sie die mit bloßem Auge gut erkennbaren Fischläuse mit einer Pinzette ab. In speziellen Tauchbädern (Zoofachhandel), fallen die Läuse wieder vom Fisch ab.

- **Fischegel:** Die wurmartigen Fischegel ritzen die Haut von Fischen an und saugen aus den Wunden Blut. Sie werden bis zu mehreren Zentimeter lang und saugen manchmal wochenlang an einem Fisch. Diese Fischegel sind nicht ganz harmlos, denn sie können auch Krankheiten übertragen.
  Behandlung: Fangen Sie befallene Tiere und entfernen die Egel mit der Pinzette. Auch hier helfen spezielle Tauchbäder (Zoofachhandel), in denen die Parasiten abfallen.

2 Gartenpraxis

Was tun, wenn ...

... der Teich Wasser verliert?

Mögliche Ursachen:

1. An warmen Sommertagen kann der Teich mehrere Zentimeter Wasser pro Tag verlieren.
› Füllen Sie Wasser mit dem Gartenschlauch nach. Verwenden Sie einen Brauseaufsatz, damit sich das Wasser erwärmen kann.

2. Die Kapillarsperre ist an manchen Stellen nicht in Ordnung oder wird durch einwachsendes Gras oder Erde überwunden.
› Reparieren Sie die Kapillarsperre so schnell wie möglich oder entfernen Sie das Gras oder Erdreich.

3. Das Wasser geht durch durch zu hoch eingestellte Wasserspiele oder Winddrift verloren.
› Stellen Sie die Teleskopstange niedriger ein. Bei sehr starkem Wind sollten Sie das Wasserspiel ganz abstellen.

4. Die Folie ist undicht.
› Senken Sie den Wasserspiegel (Gartenpumpe) schrittweise um 10 cm ab und suchen Sie das Leck in der Folie. Reparieren Sie das Leck mit Spezialkleber und einem Folien-Reparaturset, die Sie für die verschiedenen Folientypen im Fachhandel bekommen.

... im Teich Wasserlinsen sind?

Mögliche Ursachen:

1. Die Wasserlinsen werden durch neue Wasserpflanzen oder von Vögeln eingeschleppt.
› Achten Sie beim Einsetzen neuer Wasserpflanzen darauf, dass keine Wasserlinsen an ihnen haften. Entfernen Sie diese gegebenenfalls. Schon wenige der nur zwei bis vier Millimeter winzigen Blättchen genügen zur Bildung großer dichter Teppiche.

2. Es sind zu viele Nährstoffe im Teich vorhanden.
› Im Prinzip schaden Wasserlinsen dem Teich nicht. Werden es jedoch zu viele, so dass sie die ganze Wasseroberfläche bedecken, können Sie sie einfach mit einem Kescher herausfischen. Auch Goldfische helfen bei diesem Problem: Sie fressen gerne Wasserlinsen.

... die Seerose nicht blühen will?

Mögliche Ursachen:

1. Die Seerose bekommt zu wenig Sonne.
› Setzen Sie die Seerose mit ihrem Pflanzkorb an einen sonnigeren Platz, wo sie möglichst 5–6 Stunden Sonne pro Tag hat.

2. Die Seerose wird z. B. von einem Wasserspiel mit Wasser bespritzt.
› Seerosen mögen weder bewegtes Wasser noch vertragen sie es, wenn sie von Wasser bespritzt werden. Steht ein großer Teich zur Verfügung, setzt man die Seerose in einen ruhigen Bereich um. Ist dies nicht möglich, muss man das Wasserspiel abschalten oder versetzen.

3. Die Pflanzkörbe sind zu klein und die Seerosen haben nicht genügend Nährstoffe.
› Die Seerosen in größere Körbe setzen. Dünger nur in den Pflanzkorb geben.

... Wasserspiel oder Bach versiegen?

Mögliche Ursachen:

1. Die Pumpe ist defekt.
› Setzen Sie sie in einen Eimer und prüfen Sie die Funktion. Läuft sie nicht, müssen Sie sie zur Reparatur geben.

2. Der zur Pumpe führende Schlauch ist geknickt.
› Tauschen Sie den Schlauch aus. Verwenden Sie nur knicksichere Spiralschläuche.

3. Ein größerer Schmutzpartikel blockiert den Rotor der Pumpe.
› Schicken Sie einen scharfen Wasserstrahl entgegen der normalen Fließrichtung durch das Gehäuse.

4. Das Förderrad der Pumpe ist beschädigt oder abgenutzt.
› Setzen Sie ein neues Förderrad (Fachhandel) in die Pumpe ein.

... Teichpflanzen gelbe Blätter haben?

Mögliche Ursachen:

1. Die Wasserpflanzen sind bereits auf Winterruhe eingestellt.
› Es besteht kein Grund zur Sorge: Es ist ganz natürlich, wenn sich die Blätter der Wasserpflanzen ab Ende August gelb färben und im Winter absterben.

2. Das Wasser ist zu stark erwärmt – Wasserpflanzen vertragen dies nicht.
› Füllen Sie, wenn die Wassertemperatur zu hoch ist, Frischwasser nach. Lassen Sie das Wasser nur langsam zufließen, damit die Lebewesen im Teich keinen Temperaturschock bekommen.

3. Im Grund wühlende oder Pflanzen fressende Fische wie Graskarpfen leben im Teich.
› Leben gründelnde Fische im Teich, setzen Sie die Pflanzen in Pflanzkörbe und decken sie mit Kies zu. Sind stark Pflanzen fressende Fische im Teich, hilft es leider nur, wenn man die Fische herausnimmt.

4. Die Pflanzen bekommen zu wenig Nährstoffe und zeigen Mangelerscheinungen.
› Gelegentlich kommt es im Teich zu Eisenmangel. Bringen Sie dann einen speziellen Wasserpflanzendünger (phosphat- und nitratfrei) aus dem Fachhandel ein oder drücken Sie Lehmkugeln in die Nähe der Wurzeln.

5. Die Pflanzen sind nicht in die für sie optimale Tiefenzone eingepflanzt worden.
› Nehmen Sie die Pflanzen heraus und setzen Sie sie in der für sie geeigneten Tiefenzone wieder ein. Sie werden sich dann bald erholen.

... der Teich immer mehr zuwuchert?

Ursache:
Durch Pollenflug, Laub, Fischfutter und absterbende Pflanzenteile kommt es zu einem fortlaufenden Nährstoff-Eintrag in den Teich. Dadurch gedeihen die Wasserpflanzen gut und nehmen bald den Großteil der Wasserfläche ein.

› Sorgen Sie dafür, dass weniger Nährstoffe in den Teich gelangen. Dazu müssen Sie regelmäßig verwelkte Blätter und abgestorbene Pflanzenteile aus dem Teich entfernen sowie Algenmatten abfischen.

› Ist der Nährstoffeintrag extrem hoch, können Sie im Frühjahr oder Herbst den Teichgrund von dem Schlamm reinigen, der sich dort angesammelt hat. Er wird entweder herausgeschöpft oder abgesaugt. Diese Maßnahme sollten Sie aber nur in Notfällen ergreifen, da dadurch die Lebewesen auf dem Teichgrund abgetötet werden (→ Seite 73).

› Lichten Sie im kommenden Herbst gründlich aus. Entfernen Sie die Ausläufer stark wuchernder Pflanzen oder teilen Sie die Stauden.

2 | Gartenpraxis

Was tun, wenn ...

... das Wasser verfärbt ist und stinkt?

Ursache:

Die Algenblüte ist so stark, dass das biologische Gleichgewicht im Teich schwer gestört ist – der Teich kippt um.
› Belüften Sie den Teich mit einer Membranpumpe oder setzen Sie eine Fontäne ein. Entfernen Sie den Schlamm auf dem Teichgrund. Setzen Sie einen UVC-Klärer sowie schnell wachsende Pflanzen ein. Tauschen Sie ein Drittel des Teichwassers aus. Langfristige Maßnahmen, um ein »Umkippen« zu verhindern, finden Sie auf den Seiten 70–77.

... hin und wieder Algenblüten auftreten?

Ursache:

Bei neu angelegten Teichen ist eine Algenblüte normal und unbedenklich. Tritt die Algenblüte auch noch im zweiten Jahr auf, helfen folgende Maßnahmen:
› Fischen Sie die Algen einmal wöchentlich ab.
› Installieren Sie zur Verbesserung der Wasserqualität einen Zu- und Überlauf.
› Unterwasserpflanzen wie Tausendblatt entziehen dem Teichwasser überschüssige Nährstoffe.
› Führen Sie dem Gartenteich zusätzlichen Sauerstoff zu, z. B. durch Wasserspiele oder durch einen Bachlauf.
› Testen Sie pH-Wert, Wasserhärte und Nährstoffgehalt und ergreifen Sie Gegenmaßnahmen.
› Verzichten Sie auf chemische Präparate zur Algenbekämpfung, sie verschieben das Problem nur auf einen späteren Zeitpunkt. Die Algen werden getötet, sinken zum Grund und stellen hier eine erneute Nährstoffquelle dar, der Kreislauf beginnt von vorn.

... der Teich dauerhaft veralgt ist?

Mögliche Ursachen:

1. Es sind zu viele Nährstoffe im Teichwasser.
› Sorgen Sie dafür, dass weniger Nährstoffe ins Wasser gelangen, da sie Algenwachstum begünstigen. Füllen Sie den Teich im Sommer statt mit nährstoffreichem Leitungswasser besser mit Regenwasser auf.

2. Nährstoffreiche Erde gelangt in den Teich oder es wurde nährstoffreiches Teichsubstrat eingebracht.
› Achten Sie schon beim Bepflanzen darauf, nur nährstoffarmes Substrat zu verwenden. Entfernen Sie alle zwei bis drei Jahre den Teichschlamm. Achten Sie darauf, dass auch bei starkem Regen keine Erde in den Teich geschwemmt wird.

3. Im Umfeld des Teichs wurde gedüngt.
› Verzichten Sie darauf, in der Nähe des Teichs zu düngen.

4. Die Wassertemperatur ist zu hoch.
› Beschatten Sie den Teich durch Gehölze oder durch Schwimmblattpflanzen wie Seerosen und Krebsschere.

5. Es leben zu viele Fische im Teich.
› Reduzieren Sie den Fischbestand. Fischfutter und Fischkot überdüngen das Wasser, deshalb füttern Sie weniger.

… Fische watte- und schimmelartige Beläge haben?

Ursache:

Die Beläge sprechen dafür, dass die Fische vom Fischschimmel *(Saprolegnia* und *Achlya)* befallen sind.

› Nehmen Sie die kranken Fische aus dem Teich heraus und setzen Sie sie in ein Quarantänebecken (ein kleines Planschbecken ist für eine Woche gut dafür). Dadurch vermeiden Sie, dass die übrigen Fische sich anstecken. In dem Becken werden sie mit einem Mittel aus der Zoofachhandlung behandelt – nur so können Sie das Medikament richtig dosieren.

› Bei fortgeschrittenem Verlauf, wenn auch die Muskulatur bereits befallen ist, hilft leider keine Behandlung mehr.

› Sorgen Sie dafür, dass Ihre Fische im Teich optimale Lebensbedingungen haben, denn nur geschwächte Fische werden von Schimmelpilzen befallen. Dies geschieht besonders leicht, wenn die Schleimhaut verletzt ist und die Abwehr nicht mehr richtig funktioniert. Bei stärkerem Befall dringen die Pilze sogar bis in die Muskulatur und die inneren Organe ein und verursachen hier schwere Schäden.

… Fische weiße Pünktchen tragen?

Ursache:

Es handelt sich um die Weißpunktkrankheit. Sie wird durch einen mikroskopisch kleinen Einzeller hervorgerufen. Meist ist die ganze Haut schleimig und entzündet, die Fische scheuern sich an harten Gegenständen und verweigern das Futter. Die Krankheit ist ansteckend und bei starkem Befall binnen weniger Tage tödlich.

› Behandeln Sie die Fische sofort mit Medikamenten, die Sie im Zoofachhandel bekommen. Eine Bekämpfung ist auch mit malachitgrünhaltigen Futterflocken aus dem Zoofachhandel möglich. Da die Parasiten bis zu 20 Tage in der Haut der Fische bleiben können, müssen Sie entsprechend lange behandeln.

… die Flossen meiner Fische ausfransen und absterben, Farben verblassen?

Ursache:

Die Fische sind an der bakteriellen Flossenfäule *(Bacteriosus pinnarum)* erkrankt. Diese Krankheit ist sehr ansteckend, ihr Ausbruch wird durch Schwächung der Fische beispielsweise durch einen Transport oder schlechte Lebensbedingungen begünstigt. Ungünstig wirken sich auch warmes und unsauberes Wasser aus.

› Da bakterielle Krankheiten schwer zu behandeln sind, sollten Sie unbedingt einen Tierarzt hinzuziehen. Nur er kann feststellen, ob es sich um die ansteckende Flossenfäule handelt oder ob es durch Beißereien unter den Fischen zu diesen Verletzungen gekommen ist.

› Erhöhen Sie unbedingt den Sauerstoffgehalt im Wasser mithilfe eines Oxydators.

› Tauschen Sie etwa ein Drittel des Wassers gegen frisches, temperiertes Wasser aus.

› Reinigen Sie den Teichfilter und sorgen Sie dafür, dass er einwandfrei funktioniert.

› Behandeln Sie die Tiere nicht im Teich, sondern fangen Sie sie heraus, um eine Ansteckung gesunder Fische (→ Abb.) vorzubeugen. Nur in einem kleinen Becken können Fische mit entsprechenden Mitteln aus dem Fachhandel behandelt werden.

Porträts

Welche Pflanzengruppen gibt es?	S. 106
Pflanzen für den Uferrand	S. 108
Pflanzen für die Sumpfzone	S. 111
Pflanzen für die Flachwasserzone	S. 114
Schwimmblattpflanzen	S. 116
Seerosen	S. 118
Unterwasserpflanzen	S. 119

3 Porträts

Welche Pflanzengruppen gibt es?

Bringen Sie Leben in Ihren Wassergarten! Erst mit einer harmonischen, aufeinander abgestimmten Bepflanzung wird ein Gartenteich zu einem einzigartigen Lebensraum für Pflanzen und Tiere.

Die Zonen und ihre Pflanzen im Überblick

Welche Wasserpflanzen für Ihren Gartenteich in Frage kommen, haben Sie bereits mit der Anlage Ihres Teiches entschieden. Denn jede Wasserpflanze braucht zum Gedeihen eine bestimmte Wassertiefe. Wenn Sie dann noch die Pflegeansprüche und den passenden Standort der jeweiligen Pflanzen beachten, ist viel Freude garantiert.
Auf den folgenden Seiten des Porträtteils finden Sie Kurzbeschreibungen und Pflegehinweise für eine repräsentative Auswahl bewährter und neuer Pflanzenarten. Diese lässt sich im gut sortierten Fachhandel problemlos beziehen.
Insgesamt gibt es vier Teichzonen mit unterschiedlichen Wassertiefen und den dazu gehörenden Pflanzen:
- Uferrand
- Sumpfzone
- Flachwasserzone
- Tiefwasserzone mit Seerosen, Schwimmblattpflanzen und Unterwasserpflanzen.

Innerhalb dieser Gruppen sind die Pflanzen alphabetisch nach ihren botanischen Namen angeordnet. Beim Zugriff auf die deutschen Namen hilft das Register.
Zu jeder vorgestellten Pflanze finden Sie Hinweise, zu welchem Teichtyp sie am besten passt bzw. für welche Gestaltung sie sich eignen:
 besonders gut für naturnahe Teiche geeignet
 gedeihen auch in kleineren Teichen gut
 wirken besonders attraktiv in einer Teichgestaltung im asiatischen Stil.

Pflanzen für den Uferrand

Die Pflanzen am Uferrand befinden sich alle außerhalb der Teichabdichtung, werden also vom Teichwasser nicht erreicht. In diesem Randbereich des Gartenteichs profitieren die Pflanzen von der hohen Luftfeuchtigkeit. Im Grunde können hier alle typischen Beetpflanzen wachsen. Harmonischer wirkt jedoch eine auf die Wasserpflanzen abgestimmte Auswahl an Gartenpflanzen. Zu den dekorativsten Pflanzen im Wassergarten gehört sicherlich die Sibirische Schwertlilie mit ihren farbenprächtigen Blüten. Aber auch Fächer-Ahorn, Frauenmantel und Funkien-Arten sorgen für besonders gelungene Übergänge (→ Seiten 108–110).

Pflanzen für den Sumpfbereich

Die Sumpfzone ist feucht bis nass, sie kann aber auch abtrocknen. Der Wasserstand schwankt zwischen 0–20 cm. Pflanzen, die hier wachsen, sind Überlebenskünstler: Mit zeitweiser Trockenheit kommen sie ebenso zurecht wie mit dauerhaft nassen Füßen. Dies ist der Lebensraum von Sumpf-Dotterblume, Sumpfkalla, Fieberklee und Blutweiderich (→ Seiten 111–113).

Eine üppig blühende Staudenpflanzung begleitet den Bachlauf und belebt dessen Ufer.

> Welche Pflanzengruppen gibt es?

Diese Teichgestaltung lässt keine Wünsche mehr offen. Von den Stauden am Uferrand bis zu den Seerosen wurde hier jede Pflanzzone bei der Anlage dieses Gartenteichs berücksichtigt.

Pflanzen für die Flachwasserzone

Diese Zone hat eine Wassertiefe von 20–50 cm. Sie wird von spezialisierten Wasserpflanzen besiedelt, die sich häufig durch verschieden gestaltete Über- und Unterwasserblätter auszeichnen. Sie sind zwar fest im flacheren Wasser verwurzelt, ihre Blätter und Stängel aber ragen deutlich über die Wasseroberfläche. Typische Pflanzenarten dieser Zone sind Wasserfeder, Pfeilkraut und Froschlöffel. Die dichten Horste von Igelkolben, Teichsimse und Süßgras setzen hier gestalterische Akzente (→ Seite 114/115).

Schwimmblattpflanzen

Schwimmende Pflanzen wie Seerose, Muschelblume oder Froschbiss lassen ihre Blätter einfach auf dem Wasser treiben. Einige wie Seekanne oder Teichrose strecken ihre Blüten an langen Stängeln daraus hervor. See- und Teichrose wiederum wurzeln tief unten im Teichgrund. Muschelblume, Wassernuss oder Krebsschere dagegen flottieren frei auf dem Wasser (→ Seiten 116–118).

Unterwasserpflanzen

Sie werden mitunter zu wenig in die Gestaltung mit Wasserpflanzen einbezogen, denn sie sind kaum sichtbar und warten nicht mit bezaubernden Blüten auf. Dabei erfüllen Unterwasserpflanzen wie Hornkraut, Tausendblatt oder Wasserpest eine wichtige Funktion, gerade bei neu angelegten, noch wenig bewachsenen Teichen: Sie produzieren viel Sauerstoff, halten das Wasser sauber und helfen dem Teich, sein biologisches Gleichgewicht auszubilden (→ Seite 119).

Breiten sich Unterwasserpflanzen zu sehr aus, keschern Sie sie einfach aus dem Teich und entsorgen sie auf dem Kompost, sonst reichern sich im Wasser zu viele Nährstoffe an.

3 Porträts

Pflanzen für den Uferrand

NORMALER GARTENBODEN

Name	Standort	Höhe Wuchsform	Blütezeit Blüte	Pflege	Bemerkungen	Pflanztipps
Fächer-Ahorn *Acer palmatum*	☽	bis 3 m sehr malerischer Großstrauch mit attraktivem, geschlitztem Laub	Mai – Juni purpurfarbene, 6–8 mm große Doldentrauben	regelmäßiger Formschnitt im Februar	Heimat: Japan; leuchtend karminrote Herbstfärbung; mehr als 100 Gartenformen	
Frauenmantel *Alchemilla mollis*	☀ ☽ ●	bis 50 cm Staude mit kompaktem Horst	Mai – Aug. grüngelb; lockere Trugdolden bilden zarte Blütenschleier	anspruchslos; Rückschnitt nach der Blüte fördert kräftigen Neuaustrieb	Heimat: Karpaten; wüchsiger Bodendecker auf frischen bis feuchten Böden; dekorative Blattschmuckpflanze	
Schmetterlingsstrauch *Buddleja davidii*	☀	bis 4 m reich blühender Strauch mit 10–30 cm langen Blütenrispen	Juni – Okt. weiß, violett oder purpur; stark duftend	Rückschnitt im Frühjahr fördert Wachstum und Blüte; abgeblühte Rispen abschneiden	Heimat: China; lockt zahlreiche Schmetterlingsarten an; friert bei uns im Winter oft stark zurück	
Hängende Riesensegge *Carex pendula*	☀ ☽	60–150 cm immergrüne eindrucksvolle Staude mit kräftigen Horsten	Mai – Juni bis 15 cm lange, überhängende Ähren	im Winter zusammenbinden wegen trockener kalter Ostwinde und Wintersonne	heimisch; bevorzugt einen feuchten Standort; passt gut zu großen Farnen; wächst auch unter Gehölzen	
Zottiges Weidenröschen *Epilobium hirsutum*	☀ ☽	bis 150 cm Staude mit weidenähnlichen Blättern	Juli – Sept. rotviolett; in lockeren Trauben	anspruchslos; besser in Gefäße pflanzen; sät sich selbst aus	heimisch; lockt Insekten an; breitet sich rasch mit kriechendem Wurzelstock aus	
Gewöhnliches Pfaffenhütchen *Euonymus europaeus*	☀ ☽	2–6 m sommergrüner, aufrecht wachsender Strauch oder kleiner Baum	Mai – Juli klein und weiß; Früchte rot und orange	anspruchslos; mag wechselfeuchte Lehmböden; lässt sich gut zurechtschneiden	heimisch; lockt Vögel an; Früchte und Herbstlaub sehr dekorativ; **Früchte für Menschen giftig!**	
Wasserdost *Eupatorium cannabinum*	☀ ☽	150–200 cm reich blühende Wildstaude; horstartiger Wuchs	Juli – Sept. hellrosa mit bis zu 20 cm großen Blütendolden	im Frühjahr bis auf den Boden zurückschneiden	heimisch; zieht mehr als 40 verschiedene Schmetterlingsarten und viele andere Insekten an	

☀ Sonne   ☽ Halbschatten   ● Schatten

> Pflanzen für den Uferrand

Pflanzen für den Uferrand

NORMALER GARTENBODEN

Name	Stand-ort	Höhe Wuchsform	Blütezeit Blüte	Pflege	Bemerkungen	Pflanz-tipps
Sumpf-Storchschnabel *Geranium palustre*	☀/◐	30–50 cm reich blühende Bodendecker-Staude mit lockerem Wuchs	Mai – Aug. leuchtend rotviolett	Vermehrung durch Teilung oder Aussaat, aber auch selbst versamend	heimisch; bevorzugt feuchte Standorte; etliche Arten auch für trockenere Ufer-bereiche	🐸 🌊
Mammutblatt *Gunnera tinctoria*	☀/◐	120 cm Staude mit rha-barberartigen, bis zu 2 m großen Blättern im Durchmesser	Juli – Sept. Blütenkolben grünlich bis rötlich	im Herbst zurückschnei-den, mit Laub oder Reisig schützen	Heimat: Chile; braucht Winterschutz; schön als Solitär im feuchten Randbereich	🐸 🎋
Taglilie *Hemerocallis-*Sorten	☀/◐	40–100 cm horstartige Staude mit gras-artigen, schma-len Blättern	Mai – Juli große, glocki-ge Blüten in zahlreichen Gelb-, Orange- und Rottönen	Rückschnitt im Herbst; Ver-mehrung durch Teilung des Wurzelstocks	Heimat: China (Wildar-ten); zahlreiche Zucht-formen; blühfreudige, absolut winterharte Gartenstaude	🎋
Funkie *Hosta-*Arten und -Sorten	◐/●	30–60 cm horstartiger Wuchs; Blätter sehr variabel	Juni – Aug. weiß bis violett; glocken- oder röhrenförmig auf straffen Stielen; duftend	Vermehrung durch Teilung des Wurzel-stocks nach der Blüte	Heimat: Ostasien; Blickfang für schattige Teichränder; darf nicht austrocknen; winter-hart; sehr dekorative Blattschmuckstaude	🌊 🎋
Eidechsen-schwanz *Houttuynia cordata*	☀/◐	30–50 cm Bodendecker-Staude mit rot-gelb-bunten, herzförmigen Blättern	Juni – Aug. Blütenstände mit weißen Hochblättern	Vermehrung durch Teilung oder Abtrennen der Ausläufer	Heimat: Himalaya bis Japan; bevorzugt feuchte bis nasse Böden; winterhart; wuchert!	🎋
Sibirische Schwertlilie *Iris sibirica*	☀	50–90 cm Staude, die dichte Horste mit grasartigen Blättern bildet	Mai – Juni kräftig violett-blau und groß	im Frühjahr bis auf den Boden zurückschnei-den	heimisch; auffälliger Frühjahrsblüher in vie-len Sorten; darf nicht im Wasser stehen; **giftig!**	🐸 🌊
Wildes Silberblatt (Mondviole) *Lunaria rediviva*	◐	bis 150 cm Staude mit großen, herzför-migen Blättern	Mai – Juli violett bis weißrosa; intensiv duf-tend	anspruchslos; sät sich selbst aus	Heimat: Europa bis Sibirien; lockt mit sei-nem Duft Nachtschmet-terlinge und Bienen an; dekorative Früchte; **giftig!**	🐸 🌊 🎋

🐸 naturnaher Teich   🌊 kleiner Teich   🎋 asiatischer Teich

3 Porträts

Pflanzen für den Uferrand

NORMALER GARTENBODEN

Name	Standort	Höhe Wuchsform	Blütezeit Blüte	Pflege	Bemerkungen	Pflanztipps
Pfennigkraut *Lysimachia nummularia*	☼ ●	bis 5 cm niedrige bodendeckende Staude mit rundlichen Blättern	Mai – Juli goldgelb; bis 2 cm groß	bildet oberirdische Ausläufer; Vermehrung durch Teilung und Stecklinge	heimisch; wächst in trockenen Steingärten, an nassen Teichufern und sogar bis ins Wasser hinein	
Goldfelberich *Lysimachia punctata*	◐ ●	60–100 cm aufrechte, dicht buschige Staude	Juni – Aug. goldgelb und zart duftend, in reich blühenden Trauben	anspuchslos; ist kein Verwildern gewünscht, regelmäßig Ausläufer abtrennen	heimisch; bei sonnigem Stand und Trockenheit gießen; sehr wüchsig	
Sumpf-Vergissmeinnicht *Myosotis palustris*	☼ ◐	bis 30 cm Staude mit kriechendem Wuchs	Mai – Sept. blau in lockerer Traube	anspruchslos; breitet sich selbst aus	heimisch; eignet sich zum Verwildern; überdeckt rasch unschöne Teichränder mit ihren Blüten	
Königsfarn *Osmunda regalis*	◐ ●	50–160 cm horstartig und aufrecht wachsend mit hellgrünen Farnwedeln	keine Blütenpflanze	Vermehrung durch Sporenaussaat; Teilung selten möglich	größter heimischer Farn; Solitärpflanze für größere Anlagen; Standort feucht bis nass; gelbe Herbstfärbung	
Zwergbambus *Sasa palmata*	◐ ●	1–2 m horstartig; dicht buschig; Riesengras mit schönem Laub	blüht bei uns nicht	im Winter zusammenbinden; verträgt Rückschnitt	Heimat: Japan; bildet Ausläufer, daher zum Schutz der Teichfolie eine Wurzelsperre einbauen	
Sumpf-Ziest *Stachys palustris*	☼ ◐	bis 100 cm Wildstaude mit brennnesselartigen Blättern (brennen nicht!)	Juni – Sept. violett; in Quirlen	pflegeleicht; vermehrt sich selbst durch Samen und Ausläufer	heimisch; braucht feuchte, lehmige Böden; gute Bienenweide; überwintert in 1 cm dicken Knollen	
Chinesische Trollblume *Trollius chinensis* 'Golden Queen'	☼ ◐	80–100 cm blühfreudige Staude mit handförmig geteilten Blättern	Juni – Juli/ Sept. leuchtend orangefarben; schalenförmig	Rückschnitt fördert eine zweite Blüte; Vermehrung durch Teilung oder Aussaat	Kreuzungen mit der heimischen Trollblume (*T. europaeus*) ergaben zahlreiche *Trollius*-Hybriden	

☼ Sonne ◐ Halbschatten ● Schatten

> Pflanzen für die Sumpfzone

Pflanzen für die Sumpfzone

WASSERTIEFE 0–20 CM

Name	Stand-ort	Höhe Wuchsform	Blütezeit Blüte	Pflege	Bemerkungen	Pflanz-tipps
Sumpfkalla *Calla palustris*	☼ ●	bis 30 cm Staude mit bogig kriechendem Stängel und herzförmigen Blättern	Mai – Juli grünlicher Kolben mit großem, weißem Hochblatt	zur Vermehrung Seitentriebe des kriechenden Wurzelstocks abtrennen	heimisch und geschützt; **giftig!** Achtung: Kinder finden die roten Beeren sehr verlockend!	
Sumpf-Dotter-blume *Caltha palustris*	☼ ☼	20–60 cm reich blühende Staude; Blattrosette aus sattgrünen, bis 15 cm großen Blättern	März – Mai goldgelbe, 2–4 cm große Schalenblüten	anspruchslos; Vermehrung durch Teilung nach der Blüte oder aus Samen	heimisch; der erste Frühlingsblüher am Teichrand; bevorzugt Lehmböden; **giftig!**	
Schildblume *Chelone obligua*	☼ ●	bis 80 cm steif aufrecht wachsende Staude mit glänzend dunkelgrünen Blättern	Juli – Sept. rosa- bis purpurfarben; in dichten Ähren	Vermehrung durch Aussaat oder Teilung; im Herbst zurückschneiden	Heimat: Nordamerika; begehrter Spätsommerblüher für schattige, feuchte Lagen	
Langes Zypergras *Cyperus longus*	☼ ☼	bis 100 cm große Horste mit grasartigen, überhängenden Blättern	Mai – Okt. rotbraun in lockeren Rispen	bildet durch Ausläufer dichte Horste; evtl. in Pflanzkorb setzen	Heimat: südliches Europa; sehr schön als Solitär; ein passender Nachbar sind Rohrkolben	
Mädesüß *Filipendula ulmaria*	☼ ☼	bis 2 m imposante Staude mit gefiederten Blättern	Juni – Aug. weiß; nach Mandeln duftend	im Frühjahr zurückschneiden; Vermehrung durch Teilung	heimisch; reichhaltige Nektarpflanze, die Bienen und Schmetterlinge anlockt	
Bach-Nelkenwurz *Geum rivale*	☼ ●	30–60 cm Staude mit Blattrosetten aus gestielten Blättern	April – Sept. blassgelb mit rotbraunem Kelch; »nickende« Glocken	Vermehrung durch Teilung oder Aussaat	heimisch; die honigreichen Blüten locken Insekten an; alte Heilpflanze	
Japanische Schwertlilie *Iris ensata* *(I. kaempferi)*	☼	80–100 cm horstartig wachsende Rhizompflanze	Juli weiß, blassblau bis violett	im Frühjahr zurückschneiden; Vermehrung durch Teilung des Rhizoms	Heimat: Ostasien; jahrhundertealte Kulturpflanze in vielen Sorten; will feucht stehen, nicht nass; **giftig!**	

naturnaher Teich   kleiner Teich   asiatischer Teich

3 Porträts

Pflanzen für die Sumpfzone

WASSERTIEFE 0–20 CM

Name	Standort	Höhe Wuchsform	Blütezeit Blüte	Pflege	Bemerkungen	Pflanztipps
Blaue Wasseriris *Iris laevigata*	☀	50–60 cm Rhizompflanze; dichter Horst mit schmalen Blättern	Juni – Juli je nach Sorte in blau, rosa oder weiß	Vermehrung durch Teilung der Rhizome	Herkunft: Ostasien; winterharte Art, die das ganze Jahr über »nasse Füße« verträgt	
Gelbe Schwertlilie *Iris pseudacorus*	☀ ◐	bis 150 cm dichte Horste bildend mit schwertförmigen Blättern	Mai – Juni große, sattgelbe, exotisch wirkende Blüten	Vermehrung durch Teilung des Wurzelstocks oder durch Aussäen	heimisch; lockt Hummeln und Bienen an; **gesamte Pflanze ist äußerst giftig!**	
Kardinalslobelie *Lobelia cardinalis*	◐ ●	bis 100 cm Staude mit bis zu 50 cm langer Blütentraube	Sept. – Okt. scharlachrot; Einzelblüte bis zu 5 cm groß	Rhizome oder bewurzelte Stecklinge hell, kühl und feucht überwintern	Heimat: Nordamerika; nicht winterhart; leuchtender Blütenschmuck für den Schatten	
Scheinkalla *Lysichiton camtschatcensis*	◐ ●	50–80 cm Sumpfstaude mit kriechendem Rhizom und kräftiger Blattrosette	Mai – Juni Blütenkolben mit großem, weißem Hochblatt	Vermehrung über Tochtersprosse, Teilung oder Aussaat im Sumpfbeet	Heimat: Halbinsel Kamtschatka (Nordostasien); **alle Pflanzenteile sind giftig!**	
Blutweiderich *Lythrum salicaria*	☀ ◐	60–150 cm Staude mit aufrechtem buschigem Horst	Juli – Sept. auffällige, rotviolette Blütenähren	Rückschnitt nach der Hauptblütezeit verhindert Samenansatz	heimisch; robust und winterhart; lockt Schmetterlinge und andere Insekten an	
Wasserminze *Mentha aquatica*	☀ ◐	bis 80 cm aufrechte Staude; bildet Ausläufer ins tiefere Wasser	Juli – Okt. zahlreiche kleine helllilafarbene Blüten; duftend	breitet sich rasch durch Ausläufer aus, besser in Pflanzkorb setzen	heimisch; wichtige Nektarpflanze für Schmetterlinge; guter Nährstoffzehrer; typischer Minzegeruch	
Fieberklee *Menyanthes trifoliata*	☀	15–30 cm Staude, die kriechend oder flutend vom Ufer ins tiefere Wasser hineinwächst	Mai – Juli weiße bis zartrosafarbene, bärtige Blütentrauben	Vermehrung durch Teilung des Rhizoms außerhalb der Blütezeit	heimisch; schöne, bei uns selten gewordene Art; braucht kalkarmes Wasser	

☀ Sonne   ◐ Halbschatten   ● Schatten

112

> Pflanzen für die Sumpfzone

Pflanzen für die Sumpfzone

WASSERTIEFE 0–20 CM

Name	Stand-ort	Höhe Wuchsform	Blütezeit Blüte	Pflege	Bemerkungen	Pflanz-tipps
Gauklerblume *Mimulus luteus*	☀/◑	20–60 cm dekorative, lang blühende Stau-de, die leicht verwildert	Juni – Okt. gelb mit rotem Schlund; bis 2 cm groß	Vermehrung durch Aussaat im Mai oder durch Steck-linge	Heimat: Chile; winter-hart; erscheint nach harten Wintern durch Selbstaussaat wieder; wuchert!	🎍
Sumpfblutauge *Potentilla palustris* (syn. *Comarum palustre*)	☀/◑	bis 40 cm Staude mit lan-gem Wurzelstock im Schlamm, von dem die Stängel aufsteigen	Mai – Aug. dunkelrot; bis 2,5 cm groß	zur Vermehrung Wurzelstock teilen oder Sei-tentriebe ab-trennen	heimisch; gedeiht auch gut im Sumpf-beet; erdbeerähnliche, aber nicht essbare Frucht	🐸
Etagenprimel *Primula japonica, P. beesiana*	◑	bis 100 cm Staude mit kom-pakter Blattro-sette und langen Blütenstängeln	Juni – Juli orange, gelb, rot oder lila	darf nicht aus-trocknen; häu-figes Teilen fördert die Blüh-willigkeit	Heimat: Japan, China; winterhart; bildet schö-ne Übergänge bis ins flache Wasser	🎍
Akeleiblättrige Wiesenraute *Thalictrum aquilegifolium*	☀/◑	bis 150 cm horstartige Staude	Mai – Juli weiß bis blass-violett; fedrig wirkende Blütenstände	bei Trockenheit wässern; Ver-mehrung durch Aussaat oder Teilung im Frühjahr	heimisch; lockt Insek-ten an; schön in Nach-barschaft zu Blutweide-rich und Schwertlilien	🐸
Echter Baldrian *Valeriana officinalis*	☀/◑	bis 150 cm locker wachsen-de Staude	Juni – Aug. zahlreiche rosafarbene Blüten in schirmförmi-gen Trugdolden	im Herbst zu-rückschneiden; Vermehrung durch Aussaat oder Teilung	heimisch; der Baldrian-Nektar lockt mehr als 15 verschiedene Schmetterlingsarten an; alte Heilpflanze	🐸 🐌
Bachbunge *Veronica beccabunga*	☀/◑	20–60 cm kriechende bis aufsteigende Staude mit dick-lichen Blättern	Mai – Aug. himmelblau; in lockeren Trauben	anspruchslos; Vermehrung durch bewur-zelte Seitentrie-be; ins flache Wasser setzen	heimisch; schöne Uferrandpflanze; lange Blütezeit	🐸
Kerzen-Ehrenpreis *Veronica longifolia*	☀	80–100 cm horstartige auf-rechte Staude	Juni – Aug. mittelblau; in dichten Ähren	Vermehrung durch Teilung oder Aussaat; verblühte Äh-ren abschnei-den	heimisch; geschützt; wertvolle Bienenwei-de; passt gut zu Blut-weiderich	🐸 🐌

🐸 naturnaher Teich   🐌 kleiner Teich   🎍 asiatischer Teich

113

3 Porträts

Pflanzen für die Flachwasserzone

WASSERTIEFE 20–50 CM

Name	Standort	Höhe Wuchsform	Blütezeit Blüte	Pflege	Bemerkungen	Pflanztipps
Kalmus *Acorus calamus*	☀	80–150 cm Staude, die dichte Horste mit schwertförmigen Blättern bildet	Juni – Juli Kolben aus kleinen gelbgrünen Blättchen	in kleineren Teichen in Pflanzkörben halten, da sich die Art sehr rasch ausbreitet	Heimat: Ostasien, aber vollständig in Europa eingebürgert; filtert und klärt das Wasser; **giftig!**	
Froschlöffel *Alisma plantago-aquatica*	☀ ◑	bis 1 m Blätter über Wasser löffelförmig, unter Wasser bandförmig	Mai – Okt. weiße bis rosafarbene Blütenrispen	anspruchslos; Verblühtes vor Samenreife abschneiden (sät sich reichlich aus)	heimisch; wuchernde Art; verträgt wechselnde Wasserstände; **giftig!**	
Schwanenblume *Butomus umbellatus*	☀	bis 150 cm mehrjährige Rhizompflanze mit grasartigen Blättern	Juni – Aug. rosafarbene Blütendolden	darf nicht von Röhrichtpflanzen bedrängt oder überwuchert werden	heimisch; exotisch anmutend; winterhart; blüht nur in voller Sonne, ansonsten spärlich oder gar nicht	
Gelbbuntes Süßgras *Glyceria maxima* 'Variegata'	☀	bis 100 cm Staude, die dichte Horste mit farbig gestreiften Blättern bildet	Juli – Aug. grünlich braune Rispen	in Pflanzkörben im Zaum halten; im Frühjahr zurückschneiden	Kulturform; wuchert sehr stark; gut geeignet für Sumpfkübel; schön in Sommerblumensträußen	
Tannenwedel *Hippuris vulgaris*	☀ ◑ ●	10–30 cm, hübsche, aufrechte »Tannen« über und unter Wasser; nadelartige Blättchen	Mai – Aug. grünlich, klein und unscheinbar	anspruchslos; regelmäßig zurückschneiden, breitet sich sonst zu stark aus	heimisch; guter Sauerstoffbildner; liebt kalkhaltiges Wasser	
Wasserfeder *Hottonia palustris*	☀ ◑	bis 40 cm Staude, deren Blätter unter Wasser sind, nur die Blüten ragen heraus	Mai – Juli hellrosa bis weiß; zu 3–6 in Quirlen angeordnet	aufpassen, dass die zarte Pflanze nicht überwuchert wird	heimisch; geschützte Art; passt gut zu Froschlöffel und Pfeilkraut; beliebte Laichpflanze; wintergrün	
Goldkeule *Orontium aquaticum*	☀	20–40 cm Polsterstaude mit aufrechten, länglich ovalen Blättern oder Schwimmblättern	Mai – Juni goldgelbe, weiß gestielte Blütenkolben	frostfrei und hell im Haus überwintern; Vermehrung durch Teilung oder Aussaat	Heimat: Nordamerika; eignet sich besonders für kleine Teiche und Kübel	

☀ Sonne ◑ Halbschatten ● Schatten

114

> Pflanzen für die Flachwasserzone

Pflanzen für die Flachwasserzone

WASSERTIEFE 20–50 CM

Name	Standort	Höhe Wuchsform	Blütezeit Blüte	Pflege	Bemerkungen	Pflanztipps
Schilf *Phragmites australis*	☀	bis 400 cm Ufergras, das bis ins Wasser wächst	Juli – Sept. über 40 cm lange, bräunliche Ähren	erst im Frühjahr schneiden	heimisch; praktisch unverwüstlich; stark wüchsig, daher nur für große Teiche geeignet; Teichfolie schützen	
Wasserknöterich *Polygonum amphibium*	☀ ◐	bis 60 cm flexibler Wuchs: aufrecht oder auch schwimmend	Juni – Sept. 10–15 cm lange, rosafarbene Ähren	am besten in Pflanzkörbe einsetzen; regelmäßig zurückschneiden	heimisch; anpassungsfähig: wächst am Ufer oder im Wasser; breitet sich rasch aus; **giftig!**	
Hechtkraut *Pontederia cordata*	☀ ◐	50–100 cm Staude mit langgestielten, löffelartigen, glänzenden Blättern	Juni – Okt. hellblaue bis violettblaue endständige Ähren	da nicht ganz winterhart, mit Stroh oder Fichtenreisig abdecken	Heimat: Nordamerika; überwintert besser im flacheren Wasser	
Pfeilkraut *Sagittaria sagittaria*	☀	40–100 cm bildet über Wasser pfeilförmige, unter Wasser bandförmige Blätter	Juni – Aug. weiß mit roten Staubgefäßen	beim Einsetzen müssen pfeilförmige Blätter übers Wasser ragen	heimisch; überwintert im Schlamm mittels Knollen; guter Algengegenspieler	
Teichsimse *Scirpus lacustris* subsp. *tabernaemontani*	☀ ◐	50–150 cm schöne, graugrüne Horste	Juni – Juli bis 1 cm lange, bräunliche Ähren	wegen zu starken Wucherns in abgetrenntem Bereich halten	heimisch; passt gut zu *Iris*-Arten und zu Rohrkolben; die Sorte 'Zebrinus' hat grünweiß gestreifte Halme	
Ästiger Igelkolben *Sparganium erectum*	☀	70–100 cm Rhizompflanze; bildet Horste mit schmalen, langen, steif aufrechten Blättern	Juni – Sept. grünliche bis weißliche kugelige, verzweigte Blütenstände	wegen zu starker Ausbreitung unbedingt in Pflanzkorb setzen	heimisch; winterhart; guter Nährstoffzehrer; wuchert!	
Zwerg-Rohrkolben *Typha minima*	☀	bis 75 cm schmale, grasartige Blätter	Mai – Sept. Kolben erst grün, dann braun bis schwarz	anspruchslos; wegen starker Ausbreitung besser in Pflanzkorb setzen	heimisch; schöne Art für kleinere Teiche und auch für Gefäße	

naturnaher Teich   kleiner Teich   asiatischer Teich

3 Porträts

Schwimmblattpflanzen

WASSERTIEFE 50–100 CM

Name	Standort	Höhe Wuchsform	Blütezeit Blüte	Pflege	Bemerkungen	Pflanztipps
Wasserstern *Callitriche palustris*	☀ ●	20–40 cm lange Triebe kleine Polster bildende, schwimmende Blattrosetten	April – Okt. unscheinbare Unterwasserblüten	regelmäßig einkürzen gegen zu starkes Wachstum	heimisch; lebt im Winter unter Wasser und produziert hier wertvollen Sauerstoff; wintergrün	
Wasserhyazinthe *Eichhornia crassipes*	☀	bis 40 cm schwimmt mit luftgefüllten Blattstielen frei auf dem Wasser	Juli – Sept. hellviolett; zu mehreren in Scheinähren	in Schalen mit lehmiger Erde und Wasser bei 15–20 °C überwintern	Heimat: Subtropen, Tropen; nicht winterhart; braucht zum Blühen mind. 20 °C warmes Wasser; wuchert!	
Froschbiss *Hydrocharis morsus-ranae*	☀ ●	bis 10 cm schwimmt mit rundlichen Blättern frei auf dem Wasser	Mai – Aug. weiße, etwa 3 cm große Blüten knapp über dem Wasser	gelegentlich auslichten; Selbstvermehrung durch Winterknospen auf dem Teichboden	heimisch; winterhart; bildet durch Ausläufer dichte Teppiche; bevorzugt windgeschützte Ufer	
Wasserlinse *Lemna minor*	☀ ◐	2–4 mm kleine Blättchen, die sich teppichartig auf der Wasseroberfläche ausbreiten	Mai – Juni unscheinbar; blüht selten	ständig mit Rechen entfernen	heimisch und oft lästig, weil vermehrungsfreudig; wird im Gefieder von Wasservögeln herangeschleppt; wuchert!	
Indische Lotusblume *Nelumbo nucifera*	☀	aus 1–2 m langen Stielen entfalten sich Schwimm- und Luftblätter	Juli – Sept. rötlich weiß; 15–35 cm große Blüten ragen über die Blätter; Anisduft	frostfrei im Kübel auf einer nassen Lehmschicht überwintern	Heimat: Mittelmeerraum bis Ostasien; frostempfindlich und sonnenhungrig; blüht nur in gut erwärmtem Wasser	
Japanische Teichrose *Nuphar japonica* 'Rubra'	☀ ◐	bis 3 m lange Stängel Blätter breit lanzettlich; schwimmen auf dem Wasser	Juni – Aug. gelb mit Rot; 4–5 cm groß	wuchernde Schwimmblätter abschneiden	Heimat: Japan; untergetauchte Blätter bleiben im Winter grün und produzieren Sauerstoff	
Gelbe Teichrose, Mummel *Nuphar lutea*	☀ ◐	bis 5 m lange Stängel Blätter eiförmig; schwimmen auf dem Wasser	April – Sept. gelb; 5 cm groß; stark duftend	anspruchslos; erträgt im Gegensatz zu Seerosen bewegtes Wasser	heimisch; für kleine Teiche ist die Kleine Teichrose (*N. pumila*) besser geeignet	

☀ Sonne   ◐ Halbschatten   ● Schatten

116

> Schwimmblattpflanzen

Schwimmblattpflanzen

WASSERTIEFE 50–100 CM

Name	Standort	Höhe Wuchsform	Blütezeit Blüte	Pflege	Bemerkungen	Pflanztipps
Seekanne *Nymphoides peltata*	☀	bis 10 cm kleine, lang gestielte, seerosenähnliche Schwimmblätter	Juli – Sept. goldgelb; 3 cm groß	bewurzelte Ausläufer zur Vermehrung oder zum Auslichten abtrennen	heimisch; selten und geschützt; kann sich gut unterschiedlichen Wassertiefen anpassen	
Wassersalat, Muschelblume *Pistia stratiotes*	☀ ◐	bis 10 cm mehrjährige Staude; Blattrosette schwimmt auf dem Wasser	Juni – Sept. klein, grün; blüht bei uns jedoch kaum	zum Überwintern in Gefäß mit nassem Lehm setzen; hell stellen bei 5–20 °C	Heimat: Subtropen, Tropen; einzige Art; nicht winterhart; fühlt sich am wohlsten unbedrängt in warmem Wasser	
Schwimmendes Laichkraut *Potamogeton natans*	☀ ◐	bis 12 cm lange Schwimmblätter bilden schnell dichte Bestände	Juni – Sept. weiß und klein; in Ähren über dem Wasser	in Pflanzkörbe einsetzen; Rückschnitt im Herbst	heimisch; mehrjährige, ausläuferbildende Rhizompflanze; Kinderstube für etliche Teichbewohner; wuchert!	
Wasser-Hahnenfuß *Ranunculus aquatilis*	☀ ◐	über 1 m lange Stängel Unterwasserblätter fein geteilt	Juni – Sept. weiß mit gelbem Schlund; auf bis zu 4 cm langen Stielen	anspruchslos; regelmäßig auslichten; Vermehrung durch Teilung	heimisch; guter Algengegenspieler; reinigt das Wasser; wuchert!	
Schwimmfarn *Salvinia natans*	☀ ◐	5–10 cm lange, frei treibende Büschel; 1 cm lange Schwimmblätter	keine Blütenpflanze	im Herbst evtl. Pflanzen mit Sporenfrüchten hell und kühl überwintern	heimisch; selten und geschützt; zweijährig; stirbt im Herbst ab; überwintert in Sporen am Teichgrund	
Krebsschere *Stratiotes aloides*	☀ ◐	bis 40 cm schwertförmige Blätter in dichter, frei schwimmender Rosette	Mai – Juli weiß; bis zu 4 cm groß; zu zweit an kurzen Stielen	vermehrt sich durch Ausläufer; bei zu starkem Wuchern abtrennen	heimisch; geschützt; Blattrosette taucht im Winter zum Teichgrund, zur Blütezeit im Frühjahr kommt sie wieder hoch	
Wassernuss *Trapa natans*	☀	20–40 cm große Blattrosetten aus rhombischen Blättern flottieren frei auf dem Wasser	Juni – Sept. weißlich und unscheinbar; nussartige Frucht	Früchte im Herbst absammeln, frostsicher und feucht lagern, im Frühjahr einsetzen	heimisch; selten und geschützt; einjährige Art, die bevorzugt in 20 °C warmem Wasser gedeiht	

🐸 naturnaher Teich   kleiner Teich   🎋 asiatischer Teich

3 Porträts

Seerosen

WASSERTIEFE 30–100 CM

Name	Standort	Blattgröße Wuchsform	Blütezeit Blüte	Pflege	Bemerkungen	Pflanztipps
Weiße Seerose *Nymphaea alba*	☼	bis 30 cm rundlich, ledrig; Neuaustrieb rötlich; Blatt- und Blütenstiele bis 3 m lang	Juni – Sept. weiß; bis 12 cm groß und wohlduftend; gelbe Staubgefäße	auslichten; Rhizom mit scharfem Messer senkrecht durchtrennen; pro Seerose 2 m²	heimisch; geschützt; Wassertiefe 50–250 cm; robust und winterhart; wüchsige Art, nicht für kleine Teiche geeignet; **schwach giftig!**	
Froebels Seerose *Nymphaea* 'Froebelii'	☼ ◐	bis 30 cm Kelchblätter rot gestreift	Juni – Sept. karminrot; kelchförmig; 10 cm groß; duftend	pflegeleicht; Vermehrung durch Teilung des Rhizoms; eine Seerose pro m²	Zuchtform; Wassertiefe 20–50 cm; winterhart; gut für flache Teichzonen und Kübel; blühfreudig auch bei kühler Witterung	
Seerose Hermine *Nymphaea* 'Hermine'	☼ ◐	bis 30 cm	Mai – Sept. weiß; sternförmig; bis 15 cm groß	bei zu starkem Wuchs auslichten	Zuchtform; Wassertiefe 50–80 cm; winterhart; schattenverträglich; für größere Teiche geeignet	
Rosennymphe *Nymphaea odorata*	☼ ◐	bis 20 cm herzförmig; erst rötlich, dann bräunlich grün gefärbt	Juni – Sept. hellrosa; sternförmig; bis 14 cm groß; duftend	Vermehrung durch Teilung des Rhizoms	Heimat: Nordamerika; Wassertiefe 50–70 cm; winterhart; braucht zum Blühen warmes Wasser; 'Sulphurea' blüht gelb	
Weiße und Rote Zwergseerose *Nymphaea pygmaea* 'Alba' und 'Rubra'	☼	bis 10 cm	Juni – Sept. weiße Sternblüte 3–6 cm groß und leicht duftend; rosa bis rot (6–8 cm)	zum Überwintern in Kübel stellen und frostfrei lagern	Zuchtform; Wassertiefe 15–30 cm; nicht winterhart; gut für kleine, flache Becken und Teiche geeignet	
Sternförmige Zwergseerose *Nymphaea tetragona*	☼ ◐	bis 20 cm	Mai – Okt. weiße Sternblüte; bis 5 cm groß	pflegeleicht; sät sich selbst aus; Vermehrung durch Aussaat oder auch Teilung möglich	Heimat: Osteuropa, Asien, Afrika; Wassertiefe 20–30 cm; robust, winterhart und schattenverträglich; gut für kleine Teiche und Kübel	
Texas-Seerose *Nymphaea* 'Texas Dawn'	☼	20 cm Blüten »schweben« 30 cm über dem Wasser	Mai – Aug. gelb; strahlenförmig; bis 15 cm groß; nach Zitrone duftend	Vermehrung durch Teilung des Rhizoms; eine Seerose pro m²	Zuchtform; Wassertiefe 70–90 cm; robuste Neuzüchtung; winterhart; blüht üppig; wächst mittelstark	

☼ Sonne   ◐ Halbschatten   ● Schatten

> Unterwasserpflanzen

Unterwasserpflanzen

WASSERTIEFE 50–100 CM

Name	Stand-ort	Höhe Wuchsform	Blütezeit Blüte	Pflege	Bemerkungen	Pflanz-tipps
Hornkraut *Ceratophyllum demersum*	☀ ◑	wurzellose Pflanze mit hornartigen, harten Blättern; in Quirlen ste-hend	Juli – Sept. unscheinbar	anspruchslos; regelmäßig auslichten; dabei auf Klein-tiere achten	heimisch; gedeiht ab 50 cm Wassertiefe; produziert Sauerstoff; guter Algengegenspie-ler; treibt frei unter Wasser	
Wasserpest *Elodea canadensis*	☀ ◑	dichte Polster auf langen schwebenden Stängeln bil-dend	Mai – Aug. blüht bei uns kaum; anson-sten weiß bis blassrosa	kann zur Plage werden, des-halb regel-mäßig aus-lichten	Heimat: Nordamerika; Wassertiefe 20–100 cm; wintergrün; produziert auch im Winter Sauer-stoff; wurzelt auch am Teichgrund; wuchert!	
Grundnessel *Hydrilla verticillata*	☀ ◑	bis 2 m lange, frei schwebende Stängel	Juli – Aug. Blüten un-scheinbar; selten	anspruchslos; überwintert als Winterknospe am Teichgrund	Heimat: fast weltweit verbreitet; Wassertiefe 30–100 cm; wintergrün; guter Algengegenspie-ler; hält das Wasser sauber; wuchert!	
Quirliges Tausendblatt *Myriophyllum verticillatum*	☀ ◑	bis 1 m lange Stängel mit wei-chen, fein gefie-derten Blättchen	Juni – Aug. aus dem Was-ser ragende Ähren	anspruchslos; überwintert in Form von Win-terknospen am Teichgrund	heimisch; unterge-taucht oder auf dem Wasser flutend; guter Algengegenspieler	
Krauses Laichkraut *Potamogeton crispus*	☀ ◑	bis 150 cm lang algenartig; mit welligkrausen Blättern	Mai – Sept. Blütenähren ragen aus dem Wasser	regelmäßig auslichten; überwintert mit Winterknospen am Teichgrund	heimisch; Wassertiefe ab 30 cm bis zu mehre-ren Metern; Sauerstoff-lieferant; wurzelt am Teichgrund	
Kleines Laichkraut *Potamogeton pusillus*	☀	frei treibende Stängel mit fadenförmigen dünnen Blättern	Mai – Juli winzige Blü-tenähren über Wasser	anspruchslos; überwintert mit Winterknospen am Teichgrund	heimisch; Wassertiefe 20–40 cm; weniger wüchsig als *P. crispus*; auch am Teichgrund wurzelnd	
Wasserschlauch *Utricularia vulgaris*	☀ ◑	30–200 cm lange Triebe; treibt wurzellos unter Wasser	Juni – Sept. leuchtend gelbe Blüten an über 30 cm langen Stielen über Wasser	gelegentlich auslichten; bildet Winter-knospen, die im Frühjahr austreiben	heimisch; Wassertiefe 30–50 cm; geschützt; Fleisch fressende Pflan-ze mit Fangbläschen (kleine Wassertierchen)	

🐸 naturnaher Teich   🪷 kleiner Teich   🎋 asiatischer Teich

Anhang

Januar

- Überwintern Fische in Ihrem Teich, achten Sie darauf, dass der Eisfreihalter immer ein Loch in der Eisdecke frei hält, damit für ausreichende Sauerstoffzufuhr gesorgt ist.
- Überprüfen Sie den Oxydator: Schwimmt der Behälter auf, müssen Sie Wasserstoffperoxyd (H_2O_2) nachfüllen und den Behälter anschließend wieder absenken.
- Möchten Sie die Bepflanzung Ihres Gartenteichs umgestalten, schmieden Sie jetzt schon Pläne und schmökern Sie in Pflanzenkatalogen.

Februar

- Schilf und andere Röhrichtpflanzen zurückschneiden.
- Teichrand kontrollieren: Ist die Kapillarsperre überall intakt? Ist die Folie noch überall abgedeckt und vor UV-Strahlen geschützt? Haben sich Platten oder Steine über Winter gelockert?

März

- Bauen Sie je nach Witterung den Eisfreihalter ab.
- Teichpumpen installieren und den Bachlauf tagsüber stundenweise laufen lassen, um das Teichwasser mit Sauerstoff anzureichern.
- Setzen Sie den Filter wieder ein und lassen Sie ihn rund um die Uhr laufen.
- Seit Herbst stehen gebliebene alte und abgestorbene Pflanzenteile schneiden, sobald die Pflanzen wieder austreiben.
- Für eventuell notwendige Teichsanierungen ist jetzt der richtige Zeitpunkt.

Der Gartenteich rund ums Jahr

Juli

- Steigt die Wassertemperatur auf über 22 °C, behalten Sie den Sauerstoffgehalt im Auge. Sollte es nötig sein, führen Sie kühles Frischwasser zu, beschatten Sie den Teich zur Mittagszeit mit einem Sonnenschirm o. ä. und setzen Sie Sauerstoff spendende Unterwasserpflanzen ein.
- Schneiden Sie Verblühtes ab, um eine Nachblüte zu fördern. Wuchernde Pflanzen können Sie jetzt auslichten, damit sich auch schwächer wüchsige Schönheiten zu voller Pracht entfalten können.

August

- Im Sommer kann es bei hohen Temperaturen und Überdüngung zu verstärktem Algenwachstum kommen. Entfernen Sie Algen und abgestorbene Pflanzenteile deshalb regelmäßig mit einem Kescher oder Rechen.
- Bei Bedarf verdunstetes Teichwasser nachfüllen. Gießen Sie bei Hitzeperioden auch die Pflanzen am Uferrand.
- Vergilbte und umgeknickte Blätter und Halme mit einer Gartenschere entfernen.
- Die Herbstblüher jetzt vorsichtig frei schneiden.

September

- Erstes Herbstlaub abfischen oder ein Laubschutznetz über die Wasserfläche spannen.
- Üppig gewachsene Pflanzen teilen oder auslichten.
- Jetzt ist auch die Zeit für Um- und Neupflanzungen.
- Binden Sie Röhrichtpflanzen wie Schilf und hochwüchsige, empfindliche Gräser zusammen, damit sie nicht umknicken.
- Bei Wassertemperaturen von unter 12 °C die Fütterung der Fische einstellen.
- Nicht überwinternde Fische abfischen und ins Kaltwasser-Aquarium setzen.

> Arbeitskalender

April

- Drohen keine Nachtfröste mehr, nehmen Sie Wasserspiele wieder in Betrieb.
- Lücken im Pflanzenbestand durch Neupflanzungen schließen.
- Algen abfischen und einige Tage am Teichrand liegen lassen, damit sich Kleintiere wieder zurück ins Wasser flüchten können.
- Pollen sorgen für unerwünschten Nährstoffeintrag; mit Keschern von der Wasseroberfläche abfischen.
- Reinigen Sie den Filter zum ersten Mal nach vierwöchiger Laufzeit.

Mai

- Fischen Sie Algen und abgestorbene Pflanzenteile ein Mal wöchentlich ab.
- Ab einer Wassertemperatur von 12 °C überwinterte Fische wieder füttern.
- Fische aus dem Winterquartier nach vorsichtigem Temperaturausgleich zurück in den Teich entlassen.
- Nicht winterharte Pflanzen nach den Eisheiligen zurück in den Teich setzen. Seerosen erst ins flache Wasser setzen, so blühen sie früher.
- Reinigen Sie regelmäßig den Teichfilter.

Juni

- Regelmäßig den Wasserstand kontrollieren und bei Bedarf Wasser nachfüllen.
- Wässern Sie in trockenen Sommern auch die Uferpflanzen gründlich.
- Messen Sie mit speziellen Testsets aus dem Fachhandel die Wasserwerte wie pH-Wert, Wasserhärte, Nährstoff- und Sauerstoffgehalt und ergreifen Sie gegebenenfalls Gegenmaßnahmen.
- Verfärbt sich das Wasser infolge vermehrten Algenwachstums grün, setzen Sie einen UVC-Klärer ein.

Ein Gartenteich macht nicht viel Arbeit, wenn Sie ihn regelmäßig pflegen und beobachten. So können Sie zugleich Problemen wie Algenwachstum rechtzeitig vorbeugen und Pflanzen und Tiere fühlen sich wohl.

Oktober

- Entfernen Sie auch weiterhin regelmäßig auf die Wasseroberfläche gefallenes Herbstlaub.
- Seerosen bis auf wenige Blätter zurückschneiden.
- Entnehmen Sie nicht winterharte Pflanzen und empfindliche Seerosen und überwintern Sie sie frostfrei.
- Empfindliche Uferpflanzen mit Winterschutz aus Reisig oder Laub versehen.
- Wasserqualität überprüfen.
- Bei dichtem Fischbesatz ist der Einsatz eines Oxydators auf jeden Fall sinnvoll.

November

- Teichfilter und Pumpen abbauen, gründlich reinigen und frostfrei, aber feucht lagern.
- Beleuchtung und Wasserspiele ebenfalls abbauen, reinigen und frostfrei lagern.
- Alle Wasserleitungen und Schläuche vor dem ersten Frost entleeren.

Dezember

- Entleeren Sie Miniteiche sicherheitshalber, damit sie nicht durch anhaltenden Frost beschädigt werden.
- Bauen Sie das Laubschutznetz vor dem ersten Schneefall wieder ab.
- Bei Bedarf einen Eisfreihalter einsetzen.
- Wenn der Teich im Winter zufriert und es schneit, kann sich eine Schneedecke auf dem Eis bilden, die den Teich komplett abdunkelt. Fegen Sie diese vorsichtig ab, damit genug Licht bis zu den Unterwasserpflanzen vordringt.

Anhang

Register

Halbfette Seitenzahlen verweisen auf Abbildungen.

A

Ableger	89, **89**
Acer palmatum	**108**
Acorus calamus	**114**
Alchemilla mollis	98, **108**
Algenblüte	22, 94, 102
Algenwachstum, übermäßiges **96**, 71, 102	
Alisma plantago-aquatica	**114**
Ammonium	75f.
Aufsitzteich	14, 62f., **62**
Aushub	34, **35**, 50

B

Bach	11, 22, 34, **35**, 52f., **63**, 101
- Bepflanzung	55
- Biofilter	54
- Fertigschalen	42, 54, **54**
- Filter	54
- Kiesbett einbringen	**55**
- Pumpe	54
- Quelle	55
- Tiefe	53
- Zuleitung	54
Bachbunge	**113**
Bach-Nelkenwurz	**111**
Baldrian	83
-, Echter	**113**
Baurecht	24
Beton	15
Betonstein	57
Bitterling	92
Blauorfen	92
Blutweiderich	83, **112**
Böden, sandige	49
-, tonig-lehmige	49
Bodenbeschaffenheit	35
Böschungsmatten	**51**, 87
Brachydanio rerio	92
Brücken	58f., **59**
Brunnenwasser	6
Buddleja davidii	**108**
Butomus umbellatus	**114**

C

Calla palustris	98, **111**
Callitriche palustris	**116**
Caltha palustris	83, **111**
Carex pendula	**108**
Ceratophyllum demersum	98, **119**
Chelone obligua	**111**
Comarum palustre	**113**
Cyperus longus	**111**

D

Dränagegraben	49, 63
Dränagerohr	**48**, 49
Druckfilter	70
Dünger	22
Durchlauffilter	**71**

E

Eichhornia crassipes	**116**
Eidechsenschwanz	98, **109**
Eisfreihalter	68, 73, **73**, 95
Elodea canadensis	98, **119**
EPDM-Folie	13
Epilobium hirsutum	**108**
Etagenprimel	**113**
Euonymus europaeus	**108**
Eupatorium cannabinum	**108**

F

Fächer-Ahorn	**108**
Fadenalgen	98
Fallrohrfilter	49
Fehlerstromschutzschalter	71
Fertigbecken	13, 14, 46, 98
- Boden vorbereiten	38, **38**
- Einbau	37f., **37**
- einpassen	38, **38**, 39
- einschlämmen	38f., **39**
- Größe	36
- Pflanzebenen	37
- Standort markieren	**37**
- Teichgrube ausheben	38
- Tiefe	36
- Untergrund nivellieren	**39**
Fertigteich	14f.
- Abläufe	36
- Bachschalen	36
- Lebensdauer	36
- Material	36
- Pflanzebenen	37
- Pflanzkästen	36
- Qualität	36
- Sumpfbeet	39
- Teichvergrößerung	14f., 39, 66
- Überläufe	36
- Überlaufsysteme	49
Fieberklee	**112**
Filipendula ulmaria	**111**
Filter	21, 68, 70f.
-, biologische	70
-, drucklose	70f.
- Leistungsfähigkeit	70
-, mechanische	70
- Standort	77
Fischbesatz	27
Fische	92
- einsetzen	93
- füttern	94
-, gesunde	94
-, gründelnde	99
-, heimische	92
- Krankheiten	95
- Pflege im Urlaub	99
- pflegen	94
- Platzbedarf	26
- Transport	92f.
-, tropische	92
- überwintern	94
Fischegel	99
Fischkrankheiten	103
Fischläuse	99
Fischparasiten	99
Fischschimmel	103
Fischteich	**93**
Flachwasserzone	14, 22f.,
Floridakärpfling	92
Flossenfäule, bakterielle	103
Folie	35, 52
- reparieren	45
- Entsorgung	13
- Größe berechnen	43
Folienstärke	42
Folienteich	12f., 12, 40, 46
- Folie verlegen	44, **44**
- Folienmaß bestimmen	**43**
- Kapillarsperre	**41**
- mit Wasser befüllen	45

122

› Arten- und Sachregister

- Pflanzzonen 40f.
- Profil 40
- Sandschicht einbringen **44**
- Teichboden verdichten 42
- Teichgrube ausheben 41
- Teichrand 41, **43**, 46
- Teichrand nivellieren 42f., **43**
- Teichvlies auslegen 44, **44**
- Tiefe berechnen 40
- Tiefenzone **41**
- Umriss markieren **41**
Frauenmantel 55, 98, **108**
Froschbiss 116
Frösche 22, 26f.
Froschlöffel 23, **114**
Funkie 22, **109**

G

Gartenleuchten 61
Gartenmesser **81**
Gartenschere **81**
Gauklerblume 86, **113**
Gefälle 52f.
Gelbrandkäfer 27
Genehmigungen 24
Geranium palustre **109**
Geräte, elektrische 60
- warten **97**
Geum rivale **111**
Gewässer, öffentliches 24
GFK-Becken 14, 36
Gitterkörbe **80**, 82, 84f., **85**, 86
Gleichgewicht, biologisches 11, 21ff., 94
Glyceria maxima 'Variegata' **114**
Goldfelberich **110**
Goldfische 92, 94
Goldkeule **114**
Goldorfen 92
Goldschleien 92
Gräser **90**
Gründling 92, **94**
Grundnessel 98, **119**
Gunnera tinctoria **109**

H

Hechtkraut **115**
Hemerocallis-Sorten **109**
Herichthys cyanoguttatus 92

Hippe **81**
Hippuris vulgaris **114**
Holzdeck 18, 48, 58f., 66
Hornkraut 98, **119**
Hosta-Arten und -Sorten **109**
Hottonia palustris **114**
Houttuynia cordata 98, **109**
Hydrilla verticillata 98, **119**
Hydrocharis morsus-ranae **116**

I

Igelkolben, Ästiger 98, **115**
Igeltreppe 22, **22**
Iris 83
Iris kaempferi **111**
Iris ensata **111**
Iris laevigata **112**
Iris pseudacorus **112**
Iris sibirica **109**

J

Jordanella floridae 92

K

Kabelschächte 41, 45
Kalmus **114**
Kanalisation 24, 49
Kapillarsperre 41, 45ff., 49, 53
Karausche 92
Karbonathärte 74
Kardinalslobelie **112**
Kerzen-Ehrenpreis **113**
Kies 50, 55, 57
Kieselsteine **80**
Kies-Sand-Gemisch 50
Kiesweg **57**
Klärteich 77
Klinker 57
Kois 27
Königsfarn **110**
Krebsschere **117**
Kunststof (GFK) 15

L

Laichkraut, Kleines 98, **119**
-, Krauses **119**
-, Schwimmendes **117**

Laserwasserwaage 42
Lehm-Sand-Gemisch 65
Lehmziegel 15
Leistenstein 47, 56, 63
Leitungswasser 48, 76
Lemna minor **116**
Licht, ultraviolettes 71
Lobelia cardinalis **112**
Lotusblume, Indische 23, 83, **116**
Lunaria rediviva **109**
Lysichiton camtschatcensis **112**
Lysimachia nummularia 98, **110**
Lysimachia punctata **110**
Lythrum salicaria **112**

M

Macropodus opercularis 92
Mädesüß 22, **111**
Mammutblatt 91, **109**
Meldesysteme 25
Mentha aquatica **112**
Menyanthes trifoliata **112**
Mimulus luteus **113**
Minibagger 34
Miniteich 64
- Auswahl der Pflanzen 64
- Pflanzkorb bepflanzen 65
- Pflege 66
- Standort 64
- Überwinterung 66
- Wasser einlassen **65**
Moderlieschen 92
Mondviole **109**
Mummel **116**
Muschelblume 91, **117**
Myosotis palustris 98, **110**
Myriophyllum verticillatum 98, **119**

N

Nährstoffe 21f., **22**
Nährstoffgehalt 75
Naturteich 10
Nelumbo nucifera **116**
Nitrat 75f.
Nitritwerte 76
Nuphar japonica 'Rubra' **116**
Nuphar lutea **116**
Nymphaea alba **118**

123

Anhang

Nymphaea 'Froebelii' 99, **118**
Nymphaea 'Hermine' 99, **118**
Nymphaea odorata 99, **118**
Nymphaea pygmaea 99
Nymphaea pygmaea 'Alba' **118**
Nymphaea pygmaea 'Rubra' **118**
Nymphaea tetragona 99, **118**
Nymphaea 'Texas Dawn' **118**
Nymphoides peltata **117**

O

Orontium aquaticum **114**
Osmunda regalis **110**
Oxydator 21, 68, **72**, 73

P

Paradiesfisch 92
PE-Becken 36
PE-Folie 13
Pfaffenhütchen, Gewöhnliches **108**
Pfeilkraut 23, **115**
Pfennigkraut 27, 55, 98, **110**
Pflanzabstand 85
Pflanzen
 -, gesunde **82**, 83
 - einsetzen 84
 -, heimische 83, 91
 - Qualität 83
 -, tropische 83
Pflanzenpflege 90
Pflanzgefäße, geeignete 86
Pflanzkörbe 50, 55
Pflanztaschen 55, **80**, 84, 86f.
Pflasterbelag **57**
Phosphat 75
Phragmites australis **115**
pH-Wert **74**, 75
 - Messung 75
Pistia stratiotes **117**
Platten verlegen 56
Polygonum amphibium **115**
Pontederia cordata **115**
Potamogeton crispus **119**
Potamogeton natans **117**
Potamogeton pusillus 98, **119**
Potentilla palustris **113**
Primula beesiana **113**
Primula japonica **113**

Pumpen 21, **52**, 60, 68, **70**, 71f., 77
 - Ansaugstutzen 71
 - Förderleistung 71
 - für Bachläufe 72
 - für Filter 72
 - für Wasserspiele 72
Pumpenkennlinie 77
PVC-Folie 13

Q

Quelle 52, 52
Quellstein 55, 60

R

Ranunculus aquatilis **117**
Rasengittersteine 87
Recht 24
Regenwasser 48f., 65, 76
Rhizome teilen 88f., **89**
Richtlatte 42
Riesensegge, Hängende **108**
Rindenmulch 57
Röhricht 97
Röhrichtpflanzen, kleinwüchsige 98
Rohrkolben 82
Rosennymphe 99, **118**
Rotauge 92
Rotfeder 92
Rotzeder 59

S

Sagittaria sagittaria **115**
Salvinia natans **117**
Samen 89, **89**
Sand 13, 35, 50
Sasa palmata **110**
Sauerstoff 21
Sauerstoffgehalt 74f.
Säuregehalt 74f.
Scheinkalla **112**
Schildblume **111**
Schilf 82, **115**
Schlammsauger 68, 73
Schmetterlingsstrauch **108**
Schwanenblume **114**
Schwertlilie 22

-, Gelbe **112**
-, Japanische **111**
-, Sibirische **109**
Schwimmblattpflanzen 107, 116f.
Schwimmfarn **117**
Schwimmleuchten 61
Schwimmteich **10**, 27
Scirpus lacustris subsp. *tabernaemontani* **115**
Seekanne **117**
Seerosen 27, 51, 84, 87, 91, 100, **118**
-, Froebels 99, **118**
-, Hermine **118**
-, Weiße **118**
-, winterharte 99
Seerosenblattkäfer 99
Seerosenzone 23
Seerosenzünsler 99
Sicherheitsvorkehrungen 24f.
Sickermulde 24, **48**, 49, 63
Sickerschacht 49
Silberblatt, Wildes **109**
Skimmer 68, 73
Softkörbe 86f.
 - bepflanzen **86**
Solarpumpen 72
Sparganium erectum 98, **115**
Springbrunnen 60, 67
Sprudelstein 60
Stachys palustris **110**
Standort 18, 27
 - Markierung 18, **19**
 - Schatten 19
 - Sonne 19
 - Umfeld 19
Stauden, teilen 88, **89**
Staustufen 53, 55, **55**
Staustufenschalen 52
Stege 18, 58, **58**
Steinfolie 47
Stichling, Dreistachliger 92, **95**
Storchschnabel 22
Strahler 60f.
Stratiotes aloides **117**
Stromnetz, Anschluss 35
Substrat 50, **51**, 80
Sumpfbeet 46
Sumpfblutauge **113**
Sumpf-Dotterblume 22, 26, 55, 83, **111**

› Arten- und Sachregister

Sumpfkalla	98, **111**	
Sumpf-Storchschnabel	**109**	
Sumpf-Vergißmeinnicht	98, **110**	
Sumpf-Ziest	**110**	
Sumpfzone	14, 22, 26	
Süßgras, Gelbbuntes	**114**	
Swimming-Pool	27	

T

Taglilie	**109**
Tannenwedel	**114**
Tauchpumpen	72
Tausendblatt, Quirliges	23, 98, **119**
Technik	68
Teich	
- am Hang	62, 63, 63
- bepflanzen	78, 87
- Dekoration	60
-, kindersicherer	24, 25, 25
- Lebensräume	20
-, naturnaher	10
- pflegen	78
- Reinigung	97
- Tiefe	27
- Wasserverlust	100
- winterfest machen	97
Teichabdichtung, Lehm/Ton	**14**
Teichanlage, Grundregeln	27
Teichaufhärter	74
Teichbau	34f.
Teichbauarten	12
Teicherde	50
Teichfilter, biologische	72
Teichfolie	12f.
Teichgitter	**24**
Teichgröße	11, 22, 24, 27
Teichgrund	**52**
Teichpflanzen auslichten	91
- auspflanzen	90
-, kranke	101
- schneiden	91
- überwintern	91
-, Vermehrung	88
Teichpflege	27, 96f.
Teichprofil	22, 27
Teichrand	**49**, 63, 67
- ausrichten	32
-, Gestaltung	46f.
-, Zugang	47

Teichrose, Gelbe	**116**
-, Japanische	**116**
Teichsimse	**115**
Texas-Seerose	**118**
Thalictrum aquilegifolium	**113**
Tiefwasserzone	22f.
Tonziegel	15
Trapa natans	**117**
Trittsteine	**57**
- verlegen	56
Trockenmauer	34, **35**, 63
Trollblume, Chinesische	**110**
Trollius chinensis 'Golden Queen'	**110**
Typha latifolia	82
Typha minima	98, **115**

U

Überlauf	41, **48**, 49
Ufergestaltung, Terrasse	47
Uferrand	22
Uferrandgestaltung	25
Uferzone, begehbare	**47**
Uferzone, nicht befestigte	**47**
Ukelei	92
Untergrund verdichten	33
Unterwasserpflanzen	107, 119
- einsetzen	87
- teilen	88
Unterwasserstrahler	61
Utricularia vulgaris	**119**
UVC-Filter	71

V

Valencia hispanica	92
Valenciakärpfling	92
Valeriana officinalis	**113**
Verkehrssicherheitspflicht	24f.
Veronica beccabunga	**113**
Veronica longifolia	**113**
Vlies	35, 43

W

Wasser einfüllen	76
- Härtegrad	74
-, saures	75
- Verfärbung	102
Wasserdost	83, **108**

Wasserfeder	23, **114**
Wasserfläche, freie	27
Wasser-Hahnenfuß	**117**
Wasserhärte	74
Wasserhyazinthe	**116**
Wasseriris, Blaue	**112**
Wasserknöterich	**115**
Wasserlinsen	100, **116**
Wasserminze	86, **112**
Wassernuss	23, **117**
Wasserpest	23, 98, **119**
Wasserpflanzen	84
-, tropische	91
Wasserproben	75
Wasserqualität	11, 27, 74, **75**, **76**
Wasserrecht	24
Wassersalat	**117**
Wasserschlauch	**119**
Wasserspiele	27, 60f., **61**, **69**, 101
Wasserspiel-Pumpe	61
Wasserstern	**116**
Wasserüberlauf	45
Wasserwaage	42
Wasserzulauf	45, 48
Wege	56
- Beläge	56
- Untergrund	56
- verlegen	56
Weidenröschen, Zottiges	**108**
Weißpunktkrankheit	103
Werkzeuge	33
Wiesenraute, Akeleiblättrige	**113**
Wühlmausverbiss	14

Z

Zäune	25
Zebrabärbling	92
Ziegelsteine	57, 87
Zierteich	10
Zuläufe	41
Zwergbambus	91, **110**
Zwerg-Rohrkolben	86, 98, **115**
Zwergseerose, Rote	**118**
-, Sternförmige	99, **118**
-, Weiße	**118**
Zypergras, Langes	86, **111**

Anhang

Adressen

Teichfolienhersteller

Technische Folien
Otte Kunststofftechnik GmbH
Ohle Ring 16
21684 Stade
www.teichfolie.ag

Gartenteiche Peter Neyses
Bahnstr. 13
46147 Oberhausen-Holten
www.gtpn.de

Czebra Versand GmbH
Wahrbachstr. 4
66887 St. Julian
www.Schwimmteich-bauen.de

Teichprofi Stahl GmbH
Grantschenerstr. 55
74189 Weinsberg-Wimmental
www.teichprofi.de

GRUBER-FOLIEN GmbH & Co. KG
Gustav-Hertz-Str. 24
94315 Straubing
www.gruber-folien.de

WICHTIGE HINWEISE

■ Elektrische Geräte sollten nur vom
Fachmann installiert werden.
■ Sichern Sie Ihren Teich ausreichend ab
– vor allem, wenn Kinder und Tiere im
Haus sind.
■ Einige der hier beschriebenen Pflan-
zen sind giftig oder hautreizend. Sie dür-
fen nicht verzehrt werden.
■ Suchen Sie bei Verletzungen umge-
hend einen Arzt auf. Eventuell ist eine
Impfung gegen Tetanus erforderlich.

Zubehör und Pflanzen

re-natur GmbH
Charles-Ross-Weg 24
24601 Ruhwinkel
www.re-natur.de
Teichfolien, heimische Pflanzen

NaturaGart Deutschland GmbH
Riesenbecker Str. 63
49479 Ibbenbüren
www.naturagart.de
Teichfolien, heimische Pflanzen

**Gärtnerei für Wildstauden und
Wildgehölze Strickler**
Lochgasse 1, 55232 Alzey
www.gaertnerei-strickler.de
Wildpflanzenproduktion

Held GmbH
Gottlieb-Daimler-Str. 5-7
75050 Gemmingen
www.held-teichsysteme.de
Teichfolien, Filter, Stege, Brücken

Naturgarten e.V.
Kernerstr. 64
74076 Heilbronn
www.naturgarten.org
Kostenlose Beratung, Wildpflanzen

Erlebnisgarten Schleitzer
Garten- und Landschaftsbau
Enterstr. 33, 80999 München
www.schleitzer.de
Planung, Anlage, Zubehör

Literatur

Bücher

Baensch, Hans; Paffrath, Kurt;
Seegers, Lothar: **Gartenteich
Atlas.** Mergus Verlag, Melle

Hertle, Bernd; Kiermeier, Peter;
Nickig, Marion: **Das große GU
Praxishandbuch Gartenblumen.**
Gräfe und Unzer Verlag, München

Krausch, Heinz-Dieter: **Farbatlas
Wasserpflanzen und Uferpflanzen.** Ulmer Verlag, Stuttgart

Witt, Reinhard: **Der Naturgarten.**
BLV Verlagsgesellschaft, München

Zeitschrift

Gartenteich
Dähne Verlag GmbH
76275 Ettlingen

DANK

Der Verlag und die Autoren danken der
Fa. Erlebnisgarten Schleitzer, München,
der Fa. ILEX Ökologische Gartengestaltung, Kiel, und Harro Hieronimus für die
freundliche Unterstützung.

Gartenlust pur

GU PFLANZENPRAXIS – Gärtnern wie ein Profi

ISBN 978-3-8338-0191-4
128 Seiten

ISBN 978-3-7742-6765-7
128 Seiten

ISBN 978-3-8338-0189-1
128 Seiten

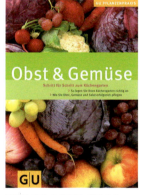

ISBN 978-3-8338-0408-3
128 Seiten

ISBN 978-3-8338-1126-5
128 Seiten

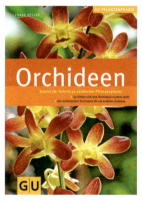

ISBN 978-3-7742-7280-4
128 Seiten

Das macht sie so besonders:
Das Plus an Praxis – alle Arbeiten step by step
Frage & Antwort – guter Rat vom Gartenexperten
Auf einen Blick – Material, Werkzeug und Zubehör

Willkommen im Leben.

Anhang

BILDNACHWEIS

Bollerhey: 116-2.v.u.; Bornemann: 104 u. re.; Borstell: 4 re., 5 li., 5 u., 15, 17, 20, 21, 34, 57 li., 57 re., 58, 59, 106; Caspersen: 30; Gardena: 73; Hack: 41 li., 41 mi., 41 re., 43 o., 43 mi. o., 43 mi. u., 43 u., 44 o., 44 mi. o., 44 mi. u., 44 u., 50; Hecker: 16, 25, 26, 94, 95, 97, 100 o., 103 u., 104 o. re., 104 u. li., 108-4.v.o., 108-2.v.u., 108-3.v.u., 109-2.v.o., 110-1.v.o., 110-2.v.o., 110-2.v.u., 111-1.v.o., 111-2.v.o., 111-3.v.u., 112-2.v.o., 113-2.v.o., 113-4.v.o., 113-1.v.u., 114-1.v.o., 114-3.v.o., 114-2.v.u., 115-3.v.o., 115-2.v.u., 115-3.v.u., 116-3.v.o., 116-4.v.o., 117-1.v.o., 117-2.v.o., 117-2.v.u., 117-3.v.u., 118-1.v.u., 119-1.v.u., 119-3.v.u.; Hempfling: 33 u. li.; Hieronimus: 118-1.v.u.; Kahl: 1; Kasselmann: 119-3.v.o.; Labhardt: 117-1.v.u.; Laux: 112-1.v.u., 116-1.v.u., 119-4.v.o.; Nickig: 6 o. re., 9, 11, 12, 66, 69, 120; Pforr: 82, 93, 100 u., 102 u., 104 o. li., 108-2.v.o., 108-3.v.o., 109-1.v.o., 109-2.v.u., 110-3.v.o., 111-2.v.u., 112-3.v.o., 114-2.v.o., 115-1.v.o., 117-3.v.o., 119-1.v.o., 119-2.v.u.; Photo Press/Geduldig: 102 o.; Redeleit: U4, 4 li., 5 re., 6 u. re., 10, 18, 28 o. li., 28 o. re., 28 u. li., 28 u. re., 32 o. li., 32 o. re., 32 u. li., 32 u. re., 33 o. li., 33 o. re., 33 u. re., 37 o., 37 mi. o., 37 mi. u., 37 u., 38 li., 38 re., 39 li., 39 mi., 39 re., 49, 51, 54, 57 mi., 62, 65 o., 65 mi. o., 65 mi. u., 65 u., 68, 70, 71, 72, 75, 78, 79, 80 o., 80 u., 81 o., 81 u. li., 81 u. re., 82, 85 o., 85 mi. o., 85 mi. u., 85 u., 86 li., 86 mi., 86 re., 89 o., 89 mi. o., 89 mi. u., 89 u., 90, 91, 92, 96, 107, 110-1.v.u., 112-3.v.u., 121; Reinhard: U1, 6 o. li., 8, 13, 53, 61, 76, 108-1.v.o., 109-4.v.o., 109-1.v.u., 109-3.v.u., 110-4.v.o., 111-4.v.o., 111-1.v.u., 112-4.v.o., 112-2.v.u., 113-1.v.o., 113-3.v.u., 114-1.v.u., 114-3.v.u., 115-1.v.u., 121 o.; Sammer: 55 li., 55 mi., 55 re.; Sauer/Hecker: 115-4.v.o., 116-2.v.o., 116-3.v.u., 117-4.v.o., 119-2.v.o.; Schneider/Will: 113-3.v.o.; Silvestris/De Cuveland: 111-3.v.o.; Stein: 14, 31; Stork: 74, 77; Strauß: 2/3, 6 u. li., 35, 60, 98, 101, 108-1.v.u., 109-3.v.o., 110-3.v.u., 112-1.v.o., 113-2.v.u., 114-4.v.o., 115-2.v.o., 116-1.v.o., 118-2.v.o., 118-3.v.o., 118-4.v.o., 118-3.v.u.; Untergasser: 103 o.;

Syndication:
www.jalag-syndication.de

Illustrationen von Heidi Janiček, München.
Fotos im Innenteil:
S. 2/3: Wasserknöterich; S. 6: Teich mit Seerosen (o. li.), Brücke über einen Teich (o. re.), natürliches Teichufer (u. li.), Kinder am Gartenteich (u. re.); S. 28: Grube für den Fertigteich ausheben (o. li.), Staude teilen (o. re.), Laub abfischen (u. li.), Pflanztasche bepflanzen (u. re.); S. 104: Scheinkalla (o. li.), Hechtkraut (o. re.), Gelbe Teichrose (u. li.), Wasserknöterich (u. re.).

DIE AUTOREN

Katrin und Frank Hecker sind Diplom-Biologen mit den Schwerpunkten Zoologie, Botanik und Meereskunde. Katrin Hecker arbeitet seit vielen Jahren als freie Autorin und Journalistin. Frank Hecker ist hauptberuflicher Naturfotograf. Das Thema »Gartenteich« ist eines ihrer Spezialgebiete.

IMPRESSUM

© 2005 GRÄFE UND UNZER VERLAG GmbH, München
Alle Rechte vorbehalten. Nachdruck, auch auszugsweise, sowie Verbreitung durch Film, Funk, Fernsehen und Internet, durch fotomechanische Wiedergabe, Tonträger und Datenverarbeitungssysteme jeder Art nur mit schriftlicher Genehmigung des Verlags.

Redaktion: Angelika Holdau, Birgit Dauenhauer
Konzeption: Angelika Holdau
Lektorat: Barbara Kiesewetter
Bildredaktion: Silvia Ebbinghaus
Umschlaggestaltung und Layout: independent Medien-Design, Horst Moser, München
Produktion: Susanne Mühldorfer
Satz: Ludger Vorfeld, München
Reproduktion: Penta Repro, München
Druck: Appl, Wemding
Bindung: m.appl, Wemding
Printed in Germany

ISBN 978-3-7742-6764-0
6. Auflage 2011

Ein Unternehmen der
GANSKE VERLAGSGRUPPE

Unsere Garantie

Alle Informationen in diesem Ratgeber sind sorgfältig und gewissenhaft geprüft. Sollte dennoch einmal ein Fehler enthalten sein, schicken Sie uns das Buch mit dem entsprechenden Hinweis an unseren Leserservice zurück. Wir tauschen Ihnen den GU-Ratgeber gegen einen anderen zum gleichen oder ähnlichen Thema um.

Liebe Leserin und lieber Leser,

wir freuen uns, dass Sie sich für ein GU-Buch entschieden haben. Mit Ihrem Kauf setzen Sie auf die Qualität, Kompetenz und Aktualität unserer Ratgeber. Dafür sagen wir Danke! Wir wollen als führender Ratgeberverlag noch besser werden. Daher ist uns Ihre Meinung wichtig. Bitte senden Sie uns Ihre Anregungen, Ihre Kritik oder Ihr Lob zu unseren Büchern. Haben Sie Fragen oder benötigen Sie weiteren Rat zum Thema? Wir freuen uns auf Ihre Nachricht!

Wir sind für Sie da!
Montag – Donnerstag:
8.00 – 18.00 Uhr;
Freitag: 8.00 – 16.00 Uhr
Tel.: 0180 - 5 00 50 54* *(0,14 €/Min. aus dem dt. Festnetz/ Mobilfunkpreise maximal 0,42 €/Min.)
Fax: 0180 - 5 01 20 54*
E-Mail:
leserservice@graefe-und-unzer.de

P.S.: Wollen Sie noch mehr Aktuelles von GU wissen, dann abonnieren Sie doch unseren kostenlosen GU-Online-Newsletter und/oder unsere kostenlosen Kundenmagazine.

GRÄFE UND UNZER VERLAG
Leserservice
Postfach 86 03 13
81630 München